●丛书主编 庆振轩

故事里的文学经典

元曲

宁俊红 杨齐 编著

兰州大学出版社

图书在版编目(CIP)数据

故事里的文学经典．元曲／宁俊红,杨齐编著．—兰州:兰州大学出版社,2013.9

ISBN 978-7-311-04260-8

Ⅰ.①故… Ⅱ.①宁… ②杨… Ⅲ.①元曲—文学欣赏 Ⅳ.①I206.2

中国版本图书馆 CIP 数据核字(2013)第 220567 号

策划编辑　张　仁
责任编辑　张国梁　张　佳
装帧设计　张友乾

书　　名　故事里的文学经典·元曲
作　　者　宁俊红　杨　齐　编著
出版发行　兰州大学出版社　(地址:兰州市天水南路 222 号　730000)
电　　话　0931-8912613(总编办公室)　0931-8617156(营销中心)
　　　　　0931-8914298(读者服务部)
网　　址　http://www.onbook.com.cn
电子信箱　press@lzu.edu.cn
印　　刷　白银兴银贵印务有限公司
开　　本　710 mm×1020 mm　1/16
印　　张　8.75
字　　数　138 千
版　　次　2013 年 9 月第 1 版
印　　次　2015 年 8 月第 3 次印刷
书　　号　ISBN 978-7-311-04260-8
定　　价　17.50 元

学海无涯乐作舟

——"故事里的文学经典"系列序言

北宋文坛领袖欧阳修曾说：

> 立身以求学为先，求学以读书为要。

欧阳修是一位政治家、思想家、改革家，也是一位教育家，他认为人生如果要有一番作为，就要努力求学读书。千余年过去，时至今日，立志向学，勤奋读书，教育强国，已经形成社会共识。然而读什么书，如何读书，依然是许多人困惑和思考的问题。

人们常说"开卷有益"，又说"好书不厌百回读"，所谓的好书、有益的书，应该指的是经典作家的经典作品。何谓经典？瑞士作家赫尔曼·黑塞在《获得教养的途径》中认为，经典作品是"我正在重读"，而不是"我正在读"的书。人文学科都有各自的经典作家和经典作品，诸如"哲学经典"、"史学经典"、"文学经典"等等。范仲淹曾经说过："劝学之要，莫尚宗经。宗经则道大，道大则才大，才大则功大。"(《上时相议制举书》)儒家把《诗经》、《尚书》、《仪礼》、《乐经》、《周易》、《春秋》尊为"六经"，文人学士研修经典的目的是为了经世致用，"六经之旨不同，而其道同归于用"。"故深于《易》者长于变，深于《书》者长于治，深于《诗》者长于风，深于《春秋》者长于断，深于《礼》者长于制，深于《乐》者长于性。"(陈舜俞《说用》)范仲淹与其再传弟子陈舜俞都是从造就经邦济世的通才、大才的角度论述儒家经典的。但古人研读经典，由于身份不同、目的不同，取径也不尽相同。郭绍虞在《中国文学批评史》中指出："古文家、道学家和政治家一样的宗经，但是古文家于经中求其文，道学家于经中求其道，而政治家则于经中求其用。"

就文学经典而言，文学经典指的是具有深厚的人文意蕴和永恒的艺术价值，为一代又一代读者反复阅读、欣赏、接受和传承，能够体现民族审美风尚和美学精神，具有广阔的阐释空间和当代存在性，能不断与读者对话，并带来新的发展，让读者在静观默想中充分体现主体价值的典范性权威性文学作品。“经也者，恒久之至道，不刊之鸿论。”（刘勰《文心雕龙·宗经》）

由于经典之作要经历时间和读者的检验，所以经典作家、经典作品经典化的过程会给我们一些有益的启示：读者和作家一起赋予了经典文学的经典含义。即就宋词而言，词体始于隋末唐初，发展于晚唐五代，极盛于两宋。但在宋代，词乃小道，不登大雅之堂，终宋一代，宋词从未取得与诗文同等的地位。欧阳修在《归田录》中曾记载：

> 钱思公（惟演）虽生长富贵，而少所嗜好。在西洛时，尝语僚属言：平生唯好读书，坐则读经史，卧则读小说，上厕则读小词。盖未尝顷刻释卷也。

虽然欧阳修之意在赞扬钱惟演好读书，但言及词则曰“小词”，且小词乃上厕所所读，则其地位可知。即就宋代词坛之大家如苏轼，在被贬黄州时，为避谤避祸，开始大量作词；辛弃疾于痛戒作诗之时从未中断写词的事实，也可略知其中信息。直至后世的读者研究者，越来越感知和发现了词体的独特的魅力——“词之为体，要眇宜修，能言诗之所不能言，而不能尽言诗之所能言。诗之境阔，词之言长”（王国维《人间词话》），才把词坛之苏辛，视如诗坛之李杜，赋予了宋词与唐诗相提并论的地位。

其他文体中如元杂剧之《西厢记》、章回小说之《水浒传》，也曾被封建卫道士视为“诲盗诲淫”之洪水猛兽而遭到禁毁，但名著本身的价值、读者的喜爱和历史的检验，奠定了它们经典之作的地位。

在一些经典作品经典化的过程中，读者甚至参与了经典作品的创作。李白的《静夜思》就是一个典型的个例。从文献学的角度看，宋代刊行的《李太白文集》、《李翰林集》中《静夜思》的原貌为：

床前看月光，疑是地上霜。
举头望山月，低头思故乡。

当代著名学者瞿蜕园、朱金城、安旗、詹瑛所撰编年校注、汇释集评本《李太白集》也全依宋本。但从明代开始，一些唐诗的编选者（读者）开始改变了《静夜思》的字句，形成了流行今日的李白的《静夜思》：

床前明月光，疑是地上霜。
举头望明月，低头思故乡。

所以，经过了历史长河的淘洗和历代无数读者检验而存留至今的中华文明宝库中的经典文学作品，是中华民族精神智慧的结晶。那么，在大力弘扬与传承优秀传统文化的今天，我们应该怎样学习阅读自《诗经》、《楚辞》以来的文学经典？古人的一些经典之作和经典性论述可以为我们借鉴。

横看成岭侧成峰，远近高低各不同。
不识庐山真面目，只缘身在此山中。

这是苏轼在元丰七年四月，自九江往游庐山，在山中游赏十余日之后所写的《题西林壁》诗。一生好为名山游的苏轼，在畅游庐山的过程中，庐山奇秀幽美的胜景，让诗人应接不暇。苏轼于游赏中惊叹、错愕，领略了前所未有的超出想象的陌生的美感。初入庐山，庐山突兀高傲，“青山若无素，偃蹇不相亲。要识庐山面，他年是故人。”移步换景，处处仙境，诗人喜出望外，“自昔忆清赏，初将杳霭间。如今不是梦，真个在庐山！”庐山幽胜美不胜收，于是诗人在《题西林壁》这首由游山而感悟人生的诗作中，寄寓了发人深思的理趣。苏轼之后，人们从不同的角度解读诗作给予人们的启悟。王国维《人间词话》中说：

诗人对于宇宙人生，须入乎其内，又须出乎其外。入乎其内，故能写之；出乎其外，故能观之。入乎其内，故有生气；出乎其外，故有高致。

而苏轼的《题西林壁》正是诗人对于人生对于庐山既入乎其内，又出乎其外的带有特有的东坡印记的智慧之作。古往今来，向往庐山，畅游庐山的游人难以数计，而神奇的庐山给予游人的感触各有不同，何以如此呢？因为万千游客，虽同游庐山，但经历不同，观赏角度有别，学识高下不一，游赏目的异趣，他们都领略的是各自心目中的庐山，诚所谓“横看成岭侧成峰，远近高低各不同”。也正如钱钟书《谈艺录》中所说：“盖任何景物，横侧看皆五光十色；任何情怀，反复说皆

【南吕·一枝花】

不伏老

攀出墙朵朵花，折临路枝枝柳。花攀红蕊嫩，柳折翠条柔，浪子风流。凭着我折柳攀花手，直煞得花残柳败休。半生来折柳攀花，一世里眠花卧柳。

……

【尾】我是个蒸不烂煮不熟捶不匾炒不爆响珰珰一粒铜豌豆，恁子弟每谁教你钻入他锄不断斫不下解不开顿不脱慢腾腾千层锦套头。我玩的是梁园月，饮的是东京酒，赏的是洛阳花，攀的是章台柳。我也会围棋、会蹴踘、会打围、会插科、会歌舞，会吹弹、会嚥作、会吟诗、会双陆。你便是落了我牙、歪了我嘴、瘸了我腿、折了我手，天赐与我这几般儿歹症候，尚兀自不肯休。则除是阎王亲自唤，神鬼自来勾，三魂归地府，七魄丧冥幽，天那，那其间才不向烟花路儿上走！

关汉卿虽然沉抑下僚，表面上风流浪荡，骨子里却没有推卸作为一个文人的责任，钟嗣成《录鬼簿》把他排在“前辈已死名公才人”的首位，元末贾仲明给他写的吊词说：“驱梨园领袖，总编修师首，捻杂剧班头”，这样的评价也唯有关汉卿一人能当，只有他在杂剧作品中充分展示了下层百姓的困苦与抗争。关汉卿最著名的剧作《窦娥冤》揭示了下层百姓所遭受的苦难：“羊羔利”的逼迫、地痞的欺压、官府的黑暗等等，最终都通过窦娥之口喊出了下层百姓的一腔愤怒。

《窦娥冤》中写窦娥父亲窦天章借了蔡婆婆二十两银子，第二年就需要还四十两。因为在羊产羔时需要还本钱还有一倍的利息，被称为羊羔利。再一年羊又产羔时，前一年的本金和利息又都要翻一倍，这就是民间的高利贷。很多人被迫借贷，却根本无力偿还，只好卖儿卖女。窦天章还不起高利贷，也只好把窦娥卖给蔡婆做童养媳来抵债。窦娥到蔡婆家没多久，蔡婆的儿子就死了。由不得窦娥要感慨自己命苦：

【油葫芦】莫不是八字儿该载着一世忧，谁似我无尽头！须知道人心不似水长流。我从三岁母亲身亡后，到七岁与父分离久，嫁的个同住人，他可又拔着短筹；撇的俺婆妇每都把空房守，端的个有谁问，有谁俫？（杂剧《窦娥冤》第一折节选）

特的"遇与不遇"的人生价值观。遇与不遇，不在于官场职位的高低，而在于胸怀谋略是否得以实行，是否于国于民有益：

一时谋议略施行，谁道君王薄贾生。
爵位自高言尽废，古来何啻万公卿。

以人况己，以古喻今，振聋发聩，这样的诗作才当得上"绝大议论，得未曾有"的美誉。无论是回首历史，还是关注现实，抑或是感受人生，往往因作者的视角不同，立场观念有别，而感发不一，所写诗文，各呈异彩。

但是我们在阅读体验中还发现了一些很有趣的现象：读者有时所欣赏的并不是作者的得意之作，而有时候作者所自珍的，读者却有微词。欧阳修《六一诗话》有这样一段文字：

晏元献公文章擅天下，尤善为诗，而多称引后进，一时名士往往出其门。圣俞平生所作诗多矣，然公独爱其两联，云"寒鱼犹著底，白鹭已飞前"，又"絮暖鮆鱼繁，露添莼菜紫"。余尝于圣俞家见公自书手简，再三称赏此二联。余疑而问之，圣俞曰："此非我之极致，岂公偶自得意于其间乎？"乃知自古文士不独知己难得，而知人亦难也。

欧阳修这种阅读体验不止一端，刘攽《中山诗话》记载：永叔云："知圣俞者莫如某，然圣俞平生所自负者，皆某所不好。圣俞所卑下者，皆某所称赏。"于是也感慨知心赏音之难。

正因为知心赏音之难，所以古人强调阅读欣赏应该知人论世。于是了解探究历史，就有"纪事本末"类的系列著述。阅读欣赏诗词，即有《本事诗》、《本事词》、《词林纪事》、《唐诗纪事》、《宋诗纪事》、《明诗纪事》、《清诗纪事》等著作；阅读唐宋散文，也有《全唐文纪事》、《宋文纪事》之类的著述。对于读者而言，这些著述有助于我们由事知史，由事知人，进而由事知诗，由事知词，由事知文；或者说有助于我们加深对相关诗、词、文的深入了解。正是从这个视点出发，出于弘扬传统文化，建设社会主义精神文明的责任感与使命感，兰州大学出版社策划出版"故事里的文学经典"、"故事里的史学经典"、"故事里的哲学经典"（统称为"换个角度读经典"）系列丛书，同样出于历史使命感，我们愉快地接受了"故事里的文学经典”系列的撰写工作，首批包括《故事里的文学经典之唐五代词》、《故事里的文学经典之唐文》、《故事里的文学经典之宋文》、《故事里的文学经典之北宋诗》、《故事里的文学经典之南宋诗》、《故事里的文学经典之元曲》、《故事里的文学经典之唐诗》、《故事里的文学经典之宋词》。

当凝聚着丛书的策划者和撰著者共同心血的著述即将付梓之际，我们为和兰州大学出版社这次愉快的合作感到由衷的高兴，因为共同的弘扬优秀传统文化的目标，出好书就成为我们共同的意愿，所以撰写以至出版的一些具体问题，就很容易通过沟通达成一致。参与丛书撰写的同仁均长期从事中国古典文学的教学科研工作，怎样让经典文学作品走出大学的讲堂，走向社会，走向千家万户，是我们长期思考的问题；而由学者在一定研究基础上撰写的，面向更为广大的读者群的融学术性的严谨和能给予读者阅读的知识性、愉悦性则是出版社策划者的初衷。合作的愉快也为我们下一步自汉魏至明清诗、词、文部分的写作奠定了良好的基础。

由“本事”或者说由“故事”入手诠解阅读文学经典是我们的共识。

那些与诗、词、文密切相关的“本事”，在古典文学名篇佳作的赏鉴研读中，主要是指与相关作品的创作、传播以及作家的生平遭际有关的“故事”，抑或是趣事逸闻，其本身就是最通俗、最形象吸引读者的“文学评论”，许多流誉后世的名篇佳作，几乎都伴随有引人入胜的“故事”或传说。这些故事或发生于作家写作之前，是为触发其写作的契机，所谓“感于哀乐，缘事而发”；或是出于一种自觉的责任感使命感，“文章合为时而著，歌诗合为事而作”。而有些诗文本身就在讲故事，史传文学本身就与后世小说特别是传奇小说有千丝万缕的联系，所以唐宋散文中的一些纪传体散文名篇诸如《张中丞传后叙》、《段太尉逸事状》、《杨烈妇传》、《唐河店妪传》、《姚平仲小传》等颇具小说笔法。即如范仲淹之《岳阳楼记》，王庭震《古文集成》中也记述说：

> 《后山诗话》云：“文正为《岳阳楼记》，用对语说时景，世以为奇。尹师鲁读之，曰：‘传奇’体耳！”《传奇》，唐裴铏所著小说也。

有些诗歌也是感人的叙事诗，在很多读者那里了解的苏小妹的故事，只是民间的传说，得之于话本小说《苏小妹三难新郎》、近年新编的影视作品《鹊桥仙》等。人们出于良好的心理愿望，去观看欣赏苏小妹和秦观的所谓爱情佳话，让聪明贤惠的苏小妹和苏轼最得意的门生秦观在虚构的小说、戏曲、影视作品中成就美好姻缘，而不去考虑受虐病逝于皇祐四年(1052)的苏洵最小的女儿、苏轼的姐姐八娘，和出生在皇祐元年(1049)的秦观结为秦晋之好是根本不可能的！而苏洵的《自尤》诗即以泣血之情记述了爱女所嫁非人，被虐致死的锥心之痛。但长期以来，由于资料的散佚，一些研究苏轼的专家对此亦语焉不详，台湾学者李一冰所著《苏东坡新传》即曰：

苏洵痛失爱女，怨愤不平，作《自尤诗》以哀其女(今已不传)。

我们依据曾枣庄先生《嘉祐集笺注》收录了《自尤》诗并叙，并未多加诠释，因为诗作本身就为我们含悲带愤地讲述了一个凄惨的八娘的短暂的一生的悲剧故事。苏小妹不是一个传说！

当然，也有一些故事发生在诗作传播之后，如《舆地广记》和《艇斋诗话》都记载，苏轼"为报先生春睡美，道人轻打五更钟"传到京城，章惇认为东坡生活快活安稳，于是又把诗人贬到海南。但是不论诗人是直书其事，还是借史言事，是因事论事，还是即事兴感，与诗作相关与诗人遭际相关的故事，都有助于我们对经典诗文在知人论世的基础上去读解诠释。

在"换个角度读经典"系列丛书之"故事里的文学经典"(第一批)将要出版发行之际，我们对兰州大学出版社的张仁先生、张映春女士为之付出的大量心血和兢兢业业一丝不苟的敬业精神表示由衷的感佩；对兰州大学文学院党政领导班子，特别是张炳成同志对于丛书的写作出版自始至终的关注支持深表感谢。同时，由于切入角度不同，对于相关诗、词、曲、文名篇的诠解也仅是我们的一得之见，所以我们热望广大读者多提宝贵意见，书山有路勤为径，学海无涯乐作舟，愿读者诸君和我们一起愉快阅读经典的同时，换个角度，读出我们各自心目当中的经典。

庆振轩

二〇一三年八月于兰州

目 录

人生际遇 / 001

风流倜傥关汉卿 / 003
大元功臣聪书记 / 006
姚牧庵玉堂嫁伎 / 008
先圣第五十四代孙 / 009
逢场作戏马致远 / 011
赖君曾护落窠儿 / 014
色艺双绝朱娘娘 / 016
天马脱羁贯酸斋 / 018
顺时秀思马板肠 / 021
贾伯坚寄曲丢官 / 024
黑刘五与般般丑 / 025
白云怡悦倪元镇 / 027
金莲杯与橙杯 / 029
陈抟高卧 / 032

滑稽谐谑 / 034

嗓 / 034
唱彻醋葫芦 / 035
赵管唱和 / 037
庄家不识勾栏 / 039
相思债 / 041
墙头马上 / 044
戏谑判词 / 047
借马 / 049
高祖还乡 / 051
牛诉冤 / 053

讽刺批判 / 057

关中大旱 / 058
两位伯颜 / 060
杨妃病齿图 / 064
自称书生 / 065
奸佞专权 / 066
元代官场 / 068
张士诚 / 070
嘲西席 / 072
夺泥燕口 / 074
炼丹 / 078
讽刺老鸨 / 079
散曲上书 / 081

离情愁绪 / 084

望云思亲 / 084
倩女离魂 / 086
开门七件事 / 088
满江长叹声 / 090
痴心女子负心汉 / 091
寄征衣 / 093

山川风物 / 094

西湖今昔 / 094
潇湘八景 / 099
燕京八景 / 102
吴江垂虹桥 / 108
万柳堂与懒云窝 / 109

绝妙好辞 / 112

出口成章 / 112
入派三声 / 114
短柱体 / 117
王四琵琶 / 119
十一句【普天乐】/ 120
青梅佳句 / 121
鹦鹉曲 / 123
名家也有败笔 / 124

人生际遇

元曲作为元代文化中最亮丽的一笔，是元代特殊的社会环境造就的，也是作家群体与演员群体共同努力的结果。作家群体中有达官贵人，但更多的是落拓文人。孔夫子倡导“学而优则仕”，隋唐以来举行的科举考试，为文人士子开辟了广阔的仕进之路，这一切到元代突然出现了断层。蒙古族是尚武民族，对诗文不感兴趣，因而科举考试一度中断。自金亡，北方停止科举选士，直到元代中叶恢复科举，科举取士制度在蒙元政权下被废止长达八十年之久。自1271年忽必烈建立元朝，恢复科举考试的问题就一再被提出，但是直到延祐元年，即1314年，才真正开始实施科举考试，且每三年才举行一次。最后录取的名额每次也只有100人，而且对于为数众多的汉族文人每次只有50个名额，因此靠科举考试被选拔出来的汉族文士数量非常有限。元朝高级官员大多出自半世袭化的蒙古、色目乃至较早投效元代朝廷的汉人“贵戚世臣、军功武将”。而对于没有社会背景的人来说，通过吏职进入仕途在元代则是较好的选择，因为很多蒙古官员虽身居高位但不通汉文，不懂典章制度，这就需要很多通文墨的刀笔吏为他们服务。因此当时的社会风气并不崇尚学问，“民家子弟，多不攻书。虽曾入学，方及十五以下，为父兄者多令废弃儒业，学习吏文，以求速进”。(《元典章》卷十二《吏部六》)元代中、下级官员中，以吏员进入仕途的占了绝大多数，乃至当时竟有人断言：“我元有天下，所与共治，出刀笔吏十九。”虽然如此，以吏员进入仕途也并不容易，有些甚至需要做十多年的吏员才有被选拔做官的资格。

对于汉族文人们来说，元代科举对于他们的仕进之路并没有太多积极影响，他们饱读诗书、满腹才华而得以举官者却为数极少。很多元曲家都曾作过刀笔小吏，最后都只能在抑郁中隐退。因为没有仕途，也无所谓得意与失意，文人、士子的身份在这个时代变得无处安放，虽然他们在心理上仍是不折不扣的文人，但在现实生活中的身份已是平民。他们在心理上排斥世俗生活，但世俗已是他们生活的此岸世界。守志岩壑，也犹如向虚空舞剑，徒劳而无功了，而以诗词抒发人生仕途的得意与失意也就成了不合时宜。独特的元曲是这些文人物质与精神的全部寄托。没有了正式的科举,作家们就展开民间竞赛,马致远有“战文场,曲状元”的称号,范子安曾经“占文场,第一功”(《录鬼簿》)。元曲创作不仅仅是显示才华的地方,对于相当一批文人来说更是养家糊口的办法,关汉卿就是其中突出的代表。乔吉的《自述》曲,恰恰正是大多数文人无可奈何境遇的写照:

【正官·绿幺遍】

自　述

不占龙头选,不入名贤传。时时酒圣,处处诗禅,烟霞状元,江湖醉仙,笑谈便是编修院。留连,批风抹月四十年。

元末曲家钟嗣成写了一本《录鬼簿》,记录了金末以来元代杂剧、散曲作家80余人,有些已死,有些未死,有些相知,有些只是闻名。之所以叫“录鬼簿”,钟嗣成认为,人们把已死之人称作鬼,却不知道,如我们这些未死之人,不得不整天佯装酒囊饭袋,醉生梦死,如一块泥巴一般,这样活着与死又有什么不同?钟嗣成的话道出了所有元曲作家的心声,他们放浪形骸,歌舞人生,但内心的痛苦却比之前仕途穷困的文人有过之而无不及。钟嗣成曾在江浙行省任掾史,不得升擢,只好杜门家居,自号丑斋,很明显这是他无奈的自我放逐。《录鬼簿》中还说,如果“高尚之士,性理之学”认为我们这样做是亵渎了圣贤,“吾党且啖蛤蜊,别与知味者道”。他们选择在曲辞中表达人生,正是因为曲辞的“蛤蜊味”。几百年前的沈昭略就曾睥睨名利,“且啖蛤蜊”。南朝宋齐时期的王融,少年得志,便有些飘飘然,某天在宴会上遇到沈昭略,昭略不认识王融便向主人打听。王融非常气愤地说,“我出于扶桑,入于旸谷,照耀天下,谁人不知,谁人不晓,你居然问我是谁。”王融把他自己看作太阳,可是沈昭略却说:“我不管别人的这些事情,且食蛤蜊。”元曲家也都喜食“蛤蜊”,不管正统道德如何看,在他们看来,“蛤蜊”就是最正宗的味道:

【双调·折桂令】

赠胡存善

问蛤蜊风致何如?秀出乾坤,功在诗书。云叶轻盈,灵华纤腻,人物清臞。采燕赵天然丽语,拾姚卢肘后明珠。绝妙功夫,家住西湖,名播东都。

这不仅仅是在赞美某一个人，而是对所有元曲家喜食“蛤蜊”的肯定。

曲是用来演唱的，文人偶尔或专职为演员进行创作，不仅是把演员作为娱乐或者玩弄的对象，更多的是对其艺术才华的发掘与欣赏。元末夏庭芝写了一本《青楼集》，专门记载当时女演员的状况。夏庭芝，字伯和，华亭（今上海松江）人，云间巨族，乔木故家，藏书极富。他喜欢周济危困，凡寓公贫士，邻里细民，都得到过他的帮助。他也喜欢结交天下贤人士大夫，家中座客常满，樽酒不空，整天都在张席设宴，席间也少不了邀请歌伎来佐酒侑觞，所以夏庭芝熟悉很多歌伎的故事。元末，张士诚领导起义军占领了姑苏，为了筹办军需物资，到处征敛，以往那些惜财吝啬的富豪大户之家，都遭到劫掠，破家剥床，目不堪睹。夏伯和则弃家隐居于林麓之间，教子读书，头裹幅巾手拄筇杖，过着优游、淡泊的生活，没有丝毫的慌乱与悲伤。他追忆当年那些相知或闻名的歌伎、伶人的姓氏，写成了《青楼集》。自序曰：“我朝混一区宇，殆将百年，天下歌舞之妓，何啻亿万，而色艺表表在人耳目者，固不多也。仆闻青楼于方名艳字，有见而知之者，有闻而知之者，虽详其人，未暇纪录，乃今风尘澒洞，群邑萧条，追念旧游，慌然梦境，于心盖有感焉；因集成编，题曰《青楼集》”。这本书记述了元代大都、金陵、维扬、武昌以及其他地方的歌伎、优伶 110 余人的事迹。很多女演员都是身世悲惨，或出身卑微，或本生在官宦之家，因为各种原因被编入地位最为低贱的乐籍。一入乐籍，元代法律规定，只能与同为乐籍之人通婚，不准参加科举考试，甚至严格规定不能穿普通人的衣服、出门不准坐车。与地位的低贱相对比的，是她们的“色艺两绝”、“声遏行云”或“声坠尘梁”的歌喉，有些人更是多才多艺，“审音知律”，“南北令词，即席成赋”，“喜亲文墨，作字楷媚”。这样的才华让很多作家青睐、爱慕，他们的交往成就了很多流传千古的佳话。

风流倜傥关汉卿

关汉卿，“元曲四大家”之首，仕途不得意，曾做过太医院尹这样的刀笔小吏，也曾参加“玉京书会”，以专职剧作家的身份养家糊口。这不是他个性化的选择，而是一个时代的氛围。但关汉卿并没有因此消沉，始终表现得刚强自信。关汉卿写的一曲《不伏老》说，我宁愿一辈子眠花卧柳，也不愿去钻那个富贵荣华的漂亮圈套，就是老了也要做潇洒倜傥的风流鬼：

【南吕·一枝花】

不伏老

攀出墙朵朵花，折临路枝枝柳。花攀红蕊嫩，柳折翠条柔，浪子风流。凭着我折柳攀花手，直煞得花残柳败休。半生来折柳攀花，一世里眠花卧柳。

……

【尾】我是个蒸不烂煮不熟捶不匾炒不爆响珰珰一粒铜豌豆，恁子弟每谁教你钻入他锄不断斫不下解不开顿不脱慢腾腾千层锦套头。我玩的是梁园月，饮的是东京酒，赏的是洛阳花，攀的是章台柳。我也会围棋、会蹴踘、会打围、会插科、会歌舞，会吹弹、会嚥作、会吟诗、会双陆。你便是落了我牙、歪了我嘴、瘸了我腿、折了我手，天赐与我这几般儿歹症候，尚兀自不肯休。则除是阎王亲自唤，神鬼自来勾，三魂归地府，七魄丧冥幽，天那，那其间才不向烟花路儿上走！

关汉卿虽然沉抑下僚，表面上风流浪荡，骨子里却没有推卸作为一个文人的责任，钟嗣成《录鬼簿》把他排在"前辈已死名公才人"的首位，元末贾仲明给他写的吊词说："驱梨园领袖，总编修师首，捻杂剧班头"，这样的评价也唯有关汉卿一人能当，只有他在杂剧作品中充分展示了下层百姓的困苦与抗争。关汉卿最著名的剧作《窦娥冤》揭示了下层百姓所遭受的苦难："羊羔利"的逼迫、地痞的欺压、官府的黑暗等等，最终都通过窦娥之口喊出了下层百姓的一腔愤怒。《窦娥冤》中写窦娥父亲窦天章借了蔡婆婆二十两银子，第二年就需要还四十两。因为在养产羔时需要还本钱还有一倍的利息，被称为羊羔利。再一年羊又产羔时，前一年的本金和利息又都要翻一倍，这就是民间的高利贷。很多人被迫借贷，却根本无力偿还，只好卖儿卖女。窦天章还不起高利贷，也只好把窦娥卖给蔡婆做童养媳来抵债。窦娥到蔡婆家没多久，蔡婆的儿子就死了。由不得窦娥要感慨自己命苦：

【油葫芦】莫不是八字儿该载着一世忧，谁似我无尽头！须知道人心不似水长流。我从三岁母亲身亡后，到七岁与父分离久，嫁的个同住人，他可又拔着短筹；撇的俺婆妇每都把空房守，端的个有谁问，有谁偢？（杂剧《窦娥冤》第一折节选）

窦娥感叹这些的时候,不知道她的冤屈才刚开了头。蔡婆婆出去讨债差点遇害,幸好遇到张驴儿父子救了她一命。可张驴儿父子本是无赖,看到蔡婆婆有些家产,就要挟她把二人招赘到家中。蔡婆婆半推半就,窦娥却是宁死也不同意。张驴儿趁蔡婆婆生病,买了毒药想要毒死蔡婆好娶窦娥,没想到阴差阳错毒死了自己的父亲。张驴儿买通官府,陷害窦娥杀人。昏庸的太守不问青红皂白,就要下狠手:"人是贱虫,不打不招。左右,与我选大棍子打着。"窦娥被打得几次昏厥:

【感皇恩】呀!是谁人唱叫扬疾,不由我不魄散魂飞。恰消停,才苏醒,又昏迷。挨千般拷打,万种凌逼,一杖下,一道血,一层皮。(杂剧《窦娥冤》第二折节选)

虽然被打得皮开肉绽,窦娥始终坚持自己是清白的,太守无奈只好逼打蔡婆,善良的窦娥怕婆婆被打,只好招认是自己杀了人。

刑场上,窦娥怎么也想不通:自己一个普通的人,经历了那么多磨难仍然谨小慎微地活着,现在为什么还要遭受这样的不白之冤,以致性命难保?她的满腔愤怒、冤屈都化作了对不公平的天与地的控诉:

【正宫·端正好】没来由犯王法,不提防遭刑宪,叫声屈动地惊天!顷刻间游魂先赴森罗殿,怎不将天地也生埋怨。

【滚绣球】有日月朝暮悬,有鬼神掌着生死权。天地也,只合把清浊分辨,可怎生糊突了盗跖颜渊。为善的受贫穷更命短,造恶的享富贵又寿延。天地也,做得个怕硬欺软,却元来也这般顺水推船。地也,你不分好歹何为地?天也,你错勘贤愚枉做天!哎,只落得两泪涟涟。(杂剧《窦娥冤》第三折节选)

窦娥临刑前还发下三桩誓愿:若是我窦娥确实冤枉,刀过处,头落地,一腔热血半点也不沾地,都飞上白练;如今是三伏天气,若是窦娥确实冤枉,身死之后,天降三尺瑞雪,掩埋我的尸首;若是窦娥确实冤枉,从现在起,这楚州城要大旱三年。这样善良、弱小的人在生命的最后一刻爆发出惊人的力量,天地果然为之动容,她的三桩誓言一一应验。

窦娥的父亲窦天章后来中举得官，窦娥死后三年，窦天章任廉访使来到楚州。灯下窦娥冤魂出现在窦天章面前，诉说自己的冤屈，于是窦天章重审此案，终于为窦娥申冤昭雪。

《窦娥冤》作为我国古代悲剧的经典代表，至今在很多地方戏中仍有演唱。1958年，关汉卿被世界和平理事会列为世界文化名人，1838年《窦娥冤》开始有英译本流传海外，迄今，此剧作已经被译成英语、法语、德语、日语等，在全世界广泛流传。

大元功臣聪书记

刘秉忠，初名侃，字仲晦，号藏春散人。他的祖父是金朝的邢州节度副使，蒙古木华黎夺取邢州后，成立都元帅府，任命他的父亲为都统。刘秉忠，生而风骨秀异，志气英爽，十七岁，做了邢台节度使府令史，以此收入赡养父母。但他是胸怀抱负的人，“令史”这样的刀笔小吏不是他的目标。一日，他投笔叹道：“吾家累世衣冠，乃汩没为刀笔吏乎！丈夫不遇于世，当隐居以求志耳。”不久，他就归隐武安山。后来又被天宁虚照禅师收为徒弟，出家当了和尚，法号子聪。虚照禅师知道他能写诗作文，就让他掌管天宁寺里的书记之事。隐居是为了等待更好的时机，所以这期间刘秉忠更加勤奋读书，也不断在思考前代的历史，在他自己编的曲子里，他也在抒发着思考后的感慨：

【南吕·干荷叶】 二首

有 感

干荷叶，色苍苍，老柄风摇荡。减了清香，越添黄。都因昨夜一场霜，寂寞在秋江上。

干荷叶，色无多，不奈风霜剉。贴秋波，倒枝柯。宫娃齐唱《采莲歌》，梦里繁华过。

【干荷叶】有着淡淡的民歌风味，是刘秉忠信手拈来，排遣郁闷的作品，因为他偶尔也怀疑：自己是不是生不逢时，会不会像这干荷叶一样，就此干枯老死也等不到机会呢？不过这只是一闪而过的念头，他心里有更坚定的信念。

1242年，高僧海云印简奉召前往和林漠北王府觐见忽必烈，途经大同，听说刘秉忠博学多才艺，邀请他同行。有机会接近蒙古亲王，刘秉忠觉得机会来了，便欣然前往。元世祖忽必烈即位前，注重招揽人才，刘秉忠于书无所不读，尤精于易经，至于天文、地理、律历，以及太乙神数、奇门遁甲之术，无不精通，谈论天下事，更是侃侃而论，了如指掌。忽必烈对刘秉忠大为赏识，于是把他留在幕府，参与军政大事。刘于是还俗，更名秉忠。

忽必烈即位后，国家典章制度，刘秉忠都参与设计、草定。他曾经建议忽必烈，取《易经》中“大哉乾元”之意，将蒙古更名为“大元”，忽必烈欣然采纳，这就是元王朝命名的由来。至元三年，即1266年，刘秉忠受忽必烈之命在原燕京城的东北设计建造了一座新的都城，命为大都，这就是明清两朝的皇城，今天的北京。至元八年，即1271年的十一月，刘秉忠又领衔给忽必烈上了呈文：“元正、朝会、圣节、诏赦及百官宣敕，具公服迎拜行礼。”这一系列策划工作的完成，使得蒙古大汗忽必烈顺理成章地稳坐中原正统的至尊之位。

刘秉忠终于实现了自己的理想，元朝建立后，拜光禄大夫，位太保，参领中书省事。但他的衣食起居仍然保持做和尚时的样子，素服、吃斋，没有公务时只是静静打坐，所以大家仍称他“聪书记”。他唯一的消遣是自己一人吟诗唱曲：

【三萸子】

念我行藏有命，烟水无涯。嗟去雁，羡归鸦。半生形累影，一事鬓生华。东山客，西蜀道，且还家。　【幺】壶中日月，洞里烟霞。春不老，景长嘉。功名眉上锁，富贵眼前花。三杯酒，一觉睡，一瓯茶。

没有宾朋满座、歌伎罗列，但是刘秉忠不需要这些，他内心装着祖国的大好河山，足够繁华、足够绚烂。

姚牧庵玉堂嫁伎

姚燧，字牧庵，以古文著称，有人把他比作唐代的韩愈、宋代的欧阳修，但他的文章中未免要摆出一副道学家的面孔，其散曲则抒情自然，清丽、流畅，在散曲史上有较高的地位。

【中吕·满庭芳】

天风海涛，昔人曾此，酒圣诗豪。我到此闲登眺，日远天高。山接水茫茫渺渺，水连天隐隐迢迢。供吟笑，功名事了，不待老僧招。

不同于很多元曲作家的低沉、愤恨的隐逸思想，姚燧的这首曲子虽然也是表达退隐的愿望，但是气势却开阔豪迈。这同姚燧的经历有很大的关系。姚燧很小就成为孤儿，由伯父姚枢抚养成人，得力于伯父姚枢他的仕途相当顺利，在元代汉族曲作家中少有。姚枢本是金朝人，看到蒙古逐渐强大便主动投奔了窝阔台，受到赏识，后又受到元世祖忽必烈征召和重用，不仅化解了很多杀戮行动，而且在蒙元统治的北方积极传播程朱理学，保存和弘扬了传统文化。姚枢的积极入世以及被当权者的重用，使姚遂面对仕途时，少了很多的尴尬与慨叹。晚年的姚燧更凭借自己的理学文章，官至翰林学士承旨，参与国家机密要事。他的散曲中也表现了这种生活状态：

【中吕·喜春来】

遣怀其一

磨墨北海乌龙角，笔蘸南山紫兔毫，花笺铺展砚台高。诗气豪，凭换紫罗袍。

凭着自己的才气来换取功名的得意之气与豪迈之情，在元代只有姚燧笔下才会淋漓展现。

翰林院也称玉堂。姚燧在做翰林学士承旨的时候，某天与众人在玉堂聚会欢饮。席间自然少不了歌伎来佐酒侑觞，其中一位歌伎长得秀丽娴雅，唱了一曲【仙吕·解三醒】：

奴本是明珠擎掌，怎生的流落平康！对人前乔做作娇模样，背地里泪千行。三春南国怜飘荡，一事东风没主张。添悲怆，那里有珍珠十斛，来赎云娘！

歌词大约是歌伎自己填写的，“明珠擎掌”说的是她并非出生在乐户之家，家庭遭遇变故才入了乐籍。歌声如此凄楚动人，姚燧不由得细听起来，当听到“三春南国怜飘荡”时，猛然省悟：她的歌声中确实略有点闽南口音，更加心生疑惑。于是把这位歌女叫到面前来，仔细询问其身世、来历。歌伎起初只说自己叫真真，并不愿透露更多的实情。然而，姚燧隐约感到眼前的女子举止言谈并非出自寻常人家，于是再三要求她据实相告。真真终于打消顾虑，对着姚燧磕了两个头，声泪俱下地讲述了自己的身世。她原籍福建建宁，是真西山的后代，父亲在北方做官时俸禄不足以养家，无奈挪用了公款，却无力偿还，被迫把她卖给了娼家做了歌伎，后来她辗转流落到了京城。所以隐去本名，怕玷污家族的名声，更怕亲朋知道了传为笑柄。真真的遭遇并不比其他歌伎更凄惨，但她却是姚燧所敬仰的、继朱熹之后南宋理学正宗传人真西山的后代，这让姚燧分外的痛心。他略一沉思之后，派人去找丞相三宝奴，希望他帮忙为真真脱去乐籍。三宝奴素来敬重姚燧，以为姚燧要将此女纳为妾室，所以立刻命令教坊翻检名册为其脱籍。宴饮仍在进行，姚燧很快就得到消息，事情已经办妥了。他环顾四座，很快看中了一位叫黄棣的年轻下属，当即把真真许配给他为妻，黄棣也满口答应。姚燧自己则认真真为义女，后来为她准备了丰厚的陪嫁，风风光光地嫁了出去。黄棣一夜之间成了姚燧的乘龙快婿，后来的仕途也很顺利，官至翰林待制。京城中盛传此事，很多同僚也都感慨赋诗，“时多困鍼轲，事或忻遭逢。安知百尺井，忽登群玉峰。借问为者谁，内相姚文公。”（《辍耕录》）真真是不幸的，然而她又是幸运的，遇到了姚燧，从此命运逆转。但是更多的乐籍歌女却是一辈子都挣扎在苦难中。

先圣第五十四代孙

孔文升，字退之，是孔子的第五十四代孙。世居浙江平阳，宋朝德祐末随父由浙江迁居金陵。在金陵读书的时候，退之的老师是宋末元初的“东南文章大家”戴表元。戴表元是位懂得变通的好老师，每每闲暇时都以方言、俗谚作题，让学生练习破题。北宋王安石建议以经义取士，因为唐代以来科举实行诗赋取士的办法，选拔出来的人才华而不实，所以就是希望把诗赋考试改为作文考试，以文章来阐释儒家经典义理。明清考试对经义文章的题目、结构形式等有了更严格的要求，被称为“八股文”。破题，是经义文章或八股文章的要求，开头必须破题，也就是用简练的话点明主题。虽只有几句，但是对于文章的成败却至关重要，如果破题作的好，就可以吸引主考官的眼球，留下最初的好印象。清人李渔《闲情偶寄》中说：“场中作文，有倒骗主司入彀之法，开卷之初，当以奇句夺目，使之一见而惊，不敢弃去。”刚开始学做科举文章的学生并不要求作完整的一篇，而是先学会作破题。戴表元希望通过游戏，让学生练好破题。一日，风和日丽，戴表元与学生坐在草地上练习破题。戴表元出了一个字的题目：“楼”，学生们都面面相觑，没人能答，戴表元把目光投向了孔退之，退之早就想好了，站起来朗朗答道：“因地之不足，取天之有余。”戴表元又惊又喜，也不看其他学生了，只对着退之出题，又出了一句谚语：“宁可死，莫与秀才担担子。肚里饥，打火又无米。”退之应声破道：“小人无知，不肯竭力以事君子。君子有义，不能求食以养小人。”老师再出题，是一首流行的曲子：

看看月上葡萄架，那人应是不来也。最苦是，一双凤枕，闲在绣帏下。

学生们一听老师出的题目居然是市井俗曲，顿时叽叽喳喳议论起来，退之没有受影响，略一沉思，破曰：“时至人未至，君子不能无疑心。物偶人未偶，君子不能无感心。”大家听了齐声叫好。戴表元兴致也很高，又出了一首小曲：

妈妈只要光光镘，我苦何曾管？雪下去送官卖酒，轮番几曾得免？怎容懒？有客教奴伴。

光光镘，即铜钱，古时铜钱上没有铸字的一面称为镘。这次大家仍然惊异于老师的题目，但是都不再说话，紧盯着退之，退之还是不慌不忙破道：“吾亲徇利而忘义，既不能以忧人之忧吾身，徇公而忘私，又强欲以乐人之乐。”小曲唱的不过是下层妓女的几句抱怨，退之居然能总结出这样贴切的道理，大家都非常佩服他的才华。

孔退之也曾跟着徐琰学作经义文章。徐琰，字子方，号容斋，与闫复、孟祺、李谦等号称“东平四杰”,四人学成之后都进入仕途,后来都成为元初名宦。徐琰也是一位散曲作家。徐容斋当时任江南浙西肃政,某日,退之随徐公出游,徐公想考考他,说:“书中有女颜如玉,你试着对出下句来,俗语更好。”退之应声对曰:“路上行人口似碑”。徐容斋大喜,连说“孺子可教,孺子可教”,也更看重退之。又一天,筵席之上,有位叫千金奴的歌伎,请求名公们为自己写一首曲子。徐容斋把这个任务交给了退之,退之文思泉涌,即席成赋:

【双调·折桂令】

赠千金奴

杏桃腮杨柳纤腰,占断他风月排场,鸾凤窝巢。宜笑宜颦,倾国倾城,百媚千娇。一个可喜娘身材儿是小,便做天来大福也难消。檀板轻敲,银烛高烧,万两黄金,一刻春宵。

千金奴也手捧这篇【折桂令】即席而歌,大家举杯痛饮,尽兴而醉。当时也有人嫉妒孔退之的才华,拿着赠千金奴的【折桂令】弹劾他,但作为廉访使的徐容斋亦是风流倜傥之人,又爱惜人才,所以几次把弹劾的折子给压了下来,退之才得以幸免。

逢场作戏马致远

马致远,“元曲四大家”之一。在元曲作家中,马致远是最积极、执着入世的,也是在宦海沉浮中最为受伤的人。面对朝代的更迭、元代少数民族统治的建立,马致远并未像许多遗民那样表现出太多的尴尬与悲愤。元朝建立前后战事不断,忽必烈曾在元朝建立前临危受命,平定大理;在忽必烈与南宋对峙之时,蒙古草原上发生争夺可汗之位的叛乱。在年轻的马致远心中,涌动的也是建功立业的豪情,张良和韩信就是他心目中的偶像。在与项羽争夺江山的较量中,刘邦之所以能够胜出,是因为善用谋臣良将。张良谋划“明烧栈道”、韩信指挥“暗渡陈仓”,使刘邦军队占据了地形有利、物产富饶的关中地区,为刘邦、项羽的对决蓄积了充足的力量:

【双调·拨不断】

竞江山,为长安。张良放火连云栈,韩信独登拜将坛,霸王自刎乌江岸。再谁分楚汉。

元朝建立之初，仍与南宋处在战争的胶着状态，忽必烈很快改变了战略部署，重用伯颜，并采取了不滥杀无辜等怀柔政策，南宋灭亡，南北终于统一了。这大一统的盛世更加激发了马致远的热情，他希望得到赏识，凭着初生牛犊不畏虎的精神，曾经写诗不遗余力地颂扬元朝政权，希望它稳固、长久：

【中吕·粉蝶儿】

寰海清夷，扇祥风太平朝世，赞尧仁洪福天齐。乐时丰，逢岁稔，天开祥瑞，万世皇基，股肱良庙堂之器。

【迎仙客】寿星捧玉杯，王母下瑶池，乐声齐众仙来庆喜。六合清，八辅美，九五龙飞，四海升平日。

【喜春来】凤凰池暖风光丽，日月袍新扇影低，雕阑玉砌彩云飞，才万里，锦绣簇华夷。

【满庭芳】皇封酒美，帘开紫雾，香喷金猊。望枫宸八拜丹墀内，衮龙衣垂拱无为。龙蛇动旌旗影里，燕雀高宫殿风微。道德天地，尧天舜日，看文武两班齐。

【尾】祝吾皇万万年，镇家邦万万里。八方齐贺当今帝，稳坐盘龙亢金椅。

虽然忽必烈建立元朝后，重用了一些汉族儒臣，但是数量极其有限，很多重要的官职都是蒙古族人、色目人担任，汉族文人始终没有得到太多机会。马致远也是在一次次的希冀中，变得越来越失落，也越来越愤怒：

【南吕·金字经】

夜来西风里，九天雕鹗飞，困煞中原一布衣。悲，故人知未知。登楼意，恨无上天梯。

在马致远非常积极地寻找入世机会，却几近绝望的时候，他得到了一个机会。至元二十一年，即1284年，元朝新建了江浙行中书省，民间简称江浙省或江浙行省，他被任命为江浙行省务官。行中书省是元朝设立的地方最高行政机构，掌握各地的行政、财赋、军事、刑名等。为了削弱地方的权力，行省内部的政务采取集体决议和分工管理，防止军事或财政的专权、专断。而且为了有效地监督行省官员的履职情况，元代还设立了行台监察御史，专门负责地方的监察工作。而行台、行省之间便上演了许多纠劾与反纠劾的闹剧。如至元十九年，即1282年，南台御史滕鲁瞻弹劾湖广行省平章阿里海牙，阿里海牙到朝廷上去为自己辩护，皇帝就下旨派遣中央的官员去逮捕滕鲁瞻，南台大夫相威快马加鞭给京师送去一封奏折，指斥阿里海牙“欺诳”，又言滕御史无罪，才免去滕御史的一场灾难。机构、官员之间的互相牵制、互相倾轧，让马致远为官生涯有了不堪回首的经历：

【离亭宴煞】蛩吟罢一觉才宁贴，鸡鸣时万事无休歇。何年是彻？看密匝匝蚁排兵，乱纷纷蜂酿蜜，急攘攘蝇争血。……（套曲【双调·夜行船】《百岁光阴》节选）

目前并不清楚“江浙行省务官”的具体级别和职能，不过来到江南的马致远，眼界骤然开阔，且扰攘的现实也使他无法再执着于官场。他所担任的职务可能有许多时候要四处奔波，这也使他饱览各地山水名胜：

【双调·寿阳曲】

洞庭秋月

芦花谢，客乍别，泛蟾光小舟一叶。豫章郡故人来也，结末了洞庭秋月。

公务之暇，趁月色泛舟于八百里洞庭湖，宽阔澄静的湖水让马致远有些激动，内心里呼喊着：“豫章郡故人来也！”

没有了年轻时的热情与躁动，马致远的情绪慢慢归于恬淡。湖光山色虽然怡人，却难掩羁旅行役的凄凉与孤寂。黄昏，觅食的小鸟成群地飞回巢穴，这是一个最容易激起游子归家情绪的时刻，马致远吟唱出了那首著名的《秋思》：

【越调·天净沙】

枯藤老树昏鸦，小桥流水人家，古道西风瘦马。夕阳西下，断肠人在天涯。

远在大都(今北京)的妻儿也在思念着马致远吧，他决心辞官归家了。回到西山村自己的家中，马致远的心里踏实了：

【般涉调·哨遍】

半世逢场作戏，险些儿误了终焉计。白发劝东篱，西村最好幽栖，老正宜。茅庐竹径，药井蔬畦，自减风云气。嚼蜡光阴无味，傍观世态，静掩柴扉。虽无诸葛卧龙冈，原有严陵钓鱼矶，成趣南园，对榻青山，绕门绿水。(套曲【般涉调·哨遍】《半世逢场作戏》节选)

今天在北京郊区的韭园村仍然保存着马致远的故居。今天的韭园村由原来的韭园、东落坡、西落坡和桥耳涧等四个村落组成。马致远故居在西落坡村，坐西朝东，是一座大四合院。故居门前是小桥流水，门前的影壁上写着“马致远故居”。不管这个是不是真正的马致远故居，只看门前溪水潺潺，草丛中飞舞着蜜蜂、蝴蝶，让我们可以想到马致远当年惬意的归隐生活：

【双调·清江饮】

野　兴

西村日长人事少，一个新蝉噪。恰待葵花开，又早蜂儿闹，高枕上梦随蝶去了。

赖君曾护落窠儿

白朴，“元曲四大家”之一。父亲白华是金宣宗年间的进士，官至枢密院判。白朴出身于这样的官僚家庭，本来生活优游舒适，然而，他幼年却偏偏遭逢战乱。白朴出生后不久，汴梁就被蒙古军包围，白华无暇顾及妻儿，随金哀宗弃城北逃。次年三月，汴京城破，蒙古军烧杀抢掠，白朴母子失散。白朴姐弟在慌乱中遇到了元好问，元白两家本是世交，元好问遂将他们姐弟收留。后来，元好问虽然到处避难，生活艰辛，但仍把他们姐弟带在身边，视如亲生。有一次，白朴感染了瘟疫，昏迷不醒，元好问就将他抱在怀中，昼夜不离。到第六日，他竟然因为枕着元好问的臂弯睡觉，出汗而痊愈了。白朴聪明颖悟，从小喜好读书，元好问也对他悉心培养，教他读书、处世，也教他为文、作诗。元好问作诗喜欢化用前人成句，白朴也学到了这一点。唐代诗人贾岛有“西风吹渭水，落日满长安”的诗句，白朴很欣赏，便借此入曲：

【双调·得胜乐】

秋

玉露冷，蛩吟砌。听落叶西风渭水，寒雁儿长空嘹唳。陶元亮醉在东篱。

【中吕·普天乐】恨无穷，愁无限。争奈仓卒之际，避不得蓦岭登山。銮驾迁，成都盼，更那堪浐水西飞雁，一声声送上雕鞍。伤心故园，西风渭水，落日长安。（杂剧《梧桐雨》第二折节选）

白朴12岁时，父亲白华和金朝一些亡命大臣来到真定，依附于镇守真定的蒙古将领史天泽门下。这年秋天，元好问正好经过真定，遂将白朴姐弟送归白华，失散多年的父子终于团聚。白华曾写诗感谢元好问：“顾我真成丧家犬，赖君曾护落窠儿。”元好问后来多次到真定，都去看望白朴父子，也不忘关心白朴的学业，曾有诗夸赞白朴说：“元白通家旧，诸郎独汝贤”，对他寄予了厚望。

小小年纪便经历战乱，又失去了母亲，这给白朴留下了一生都没办法抹去的阴影。他被收留到元好问家后，拒食荤腥，问他原因，他说：“哪一天再见到我的父母，我就会像以前一样吃的”，旁边的人听了都默默流泪。所以，后来白朴虽然有很多出仕的机会，但是他始终不愿做官。史天泽曾经屡次举荐他，他都拒绝了。他自己认为，总这样拒绝史天泽的好意也不是办法，于是弃家南游。他曾经到过汉口、九江、杭州、扬州等地，虽是放浪形骸，寄情山水，但是对妻儿的思念却是割不断的。漂泊江上，他想起了苏小卿的故事，当年双渐找不到小卿，应该也如他这般孤寂、凄凉：

【小石调·恼煞人】

又是红轮西坠，残霞照万顷银波。江上晚景寒烟，雾蒙蒙、风细细，阻隔离人萧索。

【幺篇】宋玉悲秋愁闷，江淹梦笔寂寞。人间岂无成与破，想别离情绪，世界里只有俺一个。

【伊州遍】为忆小卿，牵肠割肚。凄惶悄然无底末，受尽平生苦。天涯海角，身心无个归着。恨冯魁，趋恩夺爱，狗行狼心，全然不怕天折挫。到如今划地吃躭阁，禁不过，更那堪晚来暮云深锁。

【幺篇】故人杳杳，长江风送，听胡笳沥沥声韵聒。一轮皓月朗，几处鸣榔，时复唱和渔歌。转无那，沙汀蓼岸，一点渔灯相照，寂寞古渡停画舸。双生无语泪珠落，呼仆隶指泼水手，在意扶柁。

【尾声】兰舟定把芦花过，橹声省可里高声和。恐惊散宿鸳鸯，两分飞也似我。

双渐后来终于找到苏小卿，二人结为夫妻。可是白朴的妻子在他南游其间，竟去世了。之后，白朴便定居金陵。在金陵，朋友师巨源也劝他出来做官，他想起当年嵇康的《与山巨源绝交书》："间闻足下迁，惕然不喜，恐足下羞庖人之独割，引尸祝以自助，手荐鸾刀，漫之膻腥。"就借用这个来拒绝了朋友的好意。他本无意于做官，所以也没有进与退的苦恼，更无须矫揉造作：

【仙吕·寄生草】

劝 饮

长醉后方何碍，不醒时有甚思。糟腌两个功名字，醅渰千古兴亡事，曲埋万丈虹霓志。不达时皆笑屈原非，但知音尽说陶潜是。

只有真正超脱于功名富贵之外，才有这样直截了当的话语。王世贞评价说："谑中奇语也"。

色艺双绝朱娘娘

珠帘秀，元代早期杂剧女演员。她姿容姝丽，在杂剧表演方面技艺精湛，无论是宫廷剧中端庄的女主角，还是风月爱情剧中泼辣的妓女形象，她都能表现得惟妙惟肖，她的弟子赛帘秀、燕山秀在歌唱、表演方面传承了她的技艺。因为她的杂剧表演造诣和地位，元代后辈艺人尊称她为“朱娘娘”。当时名公文士也都非常看重她，诸如关汉卿、胡祗遹、卢挚、冯子振、王涧秋等曲家都与她有交往。胡祗遹有《赠珠帘秀》：

【双调·沉醉东风】

锦织江边翠竹，绒穿海上明珠。月淡时，风清处，都隔断落红尘土。一片闲情任卷舒，挂尽朝云暮雨。

冯海粟亦有【鹧鸪天】云：

十二阑干映远眸。醉香空断楚天秋。虾须影薄微微见，龟背纹轻细细浮。香雾敛，翠云收。海霞为带月为钩。夜来卷尽西山雨，不著人间半点愁。

名士都以咏珠帘来寄寓他们对珠帘秀的倾慕之意，据说珠帘秀微微有些驼背，因此曲中有“龟背”、“月为钩”等比喻。在这些名士中珠帘秀可能与卢疏斋的关系最为密切，当年珠帘秀脱离乐籍，离开京城的时候，二人难分难舍，有歌词互相赠答：

【双调·寿阳曲】

别珠帘秀

才欢悦，早间别，痛煞煞好难割舍。画船儿载将春去也，空留下半江明月。

【双调·寿阳曲】

答卢疏斋

山无数，烟万缕。憔悴煞玉堂人物。倚篷窗，一身儿活受苦。恨不得随大江东去。

关汉卿与珠帘秀，一个是杂剧创作的佼佼者，一个是杂剧表演的名角儿，这两个人如果能够合作，那就是真正的珠联璧合了。传说，当年关汉卿的《窦娥冤》就是专门为珠帘秀写的，但是因为触怒了权贵，二人也遭到了牢狱之灾。不管传说是否真实，关汉卿当年路过苏州时确实见过珠帘秀，那时她已经年老色衰，嫁给了道士洪丹谷。关汉卿一定也见过当年在舞台上风光无限的珠帘秀，今非昔比，无限感概：

【南吕·一枝花】

赠珠帘秀

轻裁虾万须，巧织珠千串；金钩光错落，绣带舞蹁跹。似雾非烟，妆点就深闺院，不许那等闲人取次展。摇四壁翡翠浓阴，射万瓦琉璃色浅。

【梁州】富贵似侯家紫帐，风流如谢府红莲，锁春愁不放双飞燕。绮窗相近，翠户相连，雕栊相映，绣幕相牵。拂苔痕满砌榆钱，惹杨花飞点如绵。愁的是抹回廊暮雨萧萧，恨的是筛曲槛西风剪剪，爱的是透长门夜月娟娟。凌波殿前，碧玲珑掩映湘妃面，没福怎能够见？十里扬州风物妍，出落着神仙。

【尾】恰便似一池秋水通宵展，一片朝云尽日悬。你个守户的先生肯相恋，煞是可怜，则要你手掌儿里奇擎着耐心儿卷。

道士洪丹谷也是一个滑稽之人，也能写诗作曲，我们不知道珠帘秀和他一起生活是否幸福，不过，珠帘秀临死前回想自己的一生，有太多的遗憾与不甘心，至少洪丹谷的一首曲子让她解脱了：

二十年前我共伊，只因彼此太痴迷。忽然四大相离后，你是何人我是谁？恭维娘子，秀钟谷水，声遏楚云。玉交枝坚一片心，锦缠道余二十载，遽成如梦令，休忆少年游。哭相思两手托空，意难忘一笔勾断。且道如何是一笔勾断？孝顺哥终无孝顺，逍遥乐永遂逍遥。

珠帘秀听毕，一笑而逝。

天马脱羁贯酸斋

贯云石，元曲作家，有人称他的曲“如天马脱羁”，曲如其人，贯云石的一生正是天马行空，不受羁绊。他是维吾尔族人，本名小云石海涯。祖父阿里海牙是元朝的开国大将，父亲名贯只哥，于是他也以贯为姓氏。贯云石少年时代就已经长得身姿伟岸、力大惊人，擅长骑射。二十岁时，承袭父亲的爵位，出任两淮万户府达鲁花赤。蒙古语中“达鲁花赤”，意为“镇守者”，这是一个拥有实际兵权的要职，不久贯云石便被派去镇守永州。他治军一丝不苟，赏罚严明，然而军务之暇，仍喜欢赋诗、游戏，放松心情，并且超然尘外、不被束缚的想法时时都会冒出来。终于有一天，他把弟弟忽都海涯叫到身边说：“我生平对做官并不热衷，但是祖父的爵位又不可不承袭。我镇守永州也有几年了，现在可以把这一切都让给你了。”说完就解下身上的黄金虎符交给了弟弟。正当很多人都在为他的举动或惊讶、或赞叹时，贯云石却是无官一身轻，与朋友们徜徉在怡人的山水之间，终日诗酒唱和：

【双调·清江引】

弃微名去来心快哉，一笑白云外。知音三五人，痛饮何妨碍，醉袍袖舞嫌天地窄。

过了一段诗酒唱和的日子之后，贯云石又北上，拜在当时有名的文章宗师姚燧的门下专心学文，姚燧对于一个少数民族人士能有如此高超的汉语文学才华，感到非常惊异，夸奖他“古文峭厉有法”、“歌行古乐府慷慨激烈”。后来姚燧也多次向皇帝举荐。英宗皇帝听了贯云石讲《孝敬》，很是满意，就留在身边作了“潜邸说书秀才”。仁宗即位后，二十七岁的贯云石被任命为翰林侍读学士、中奉大夫、知制诰同修国史。这是一个能够影响皇帝施政见解、参与制订国家政令的要职，大大激发了贯云石的参政热情，“迩来自愧头尤黑，赢得人呼‘小翰林’”。(《神州寄友》)不久，他就激情豪迈地为仁宗上万言书，倡言“释边戍以修文德”、“举贤才以恢至道”等等，谏言往往都能切中时弊。仁宗看了万言书赞叹不已，但并未采纳或施行任何建议，因为这并不符合反对改革的当权派的意愿。姚燧这时也辞官家居，养老去了。这些不仅打消了贯云石的热情，也让他更清醒地看到了现实：

【双调·清江引】

竞功名有如车下坡，惊险谁参破！昨日玉堂臣，今日遭残祸。争如我避风波走在安乐窝。

贯云石感慨：古代的贤人都是“辞尊就卑”，我并不热衷名利，何苦贪恋翰林院！于是他又辞官来到江南。后来十几年间，贯云石游遍了江南的大好河山。

文人擅书很正常，贯云石的草隶等书，都“稍取古人之所长，变化自成一家”。所到之处，士大夫从之若云，得其片言尺牍，如获拱璧。从某些方面来说，受到附庸风雅的人追捧，比柳永的词受众歌妓追捧，总是看起来体面些。但是这样的声名迟早是个祸害，这让贯云石有点不安。他决心隐姓埋名，混迹于市井间，以走街串巷卖药为生。他曾经在临安的街市上立一块牌子，上面写着“第一人间快活丸”。如有人要买牌子上写的药，他就把两只手摊开伸到人家面前然后大笑，领会他意思的人也就大笑而去。

贯云石有时候也四处游历，某日，贯云石路过梁山泊，看到渔父在做芦花被，因为喜爱芦花的洁白，想用绸缎来交换芦花被。渔父看他用贵重东西换不值钱的芦花，知道不是寻常人，提出：“先生若能就地赋诗一首，芦花被免费相赠。”贯云石略一沉思，提笔写下一首七律：“采得芦花不涴尘，绿莎聊复藉为茵。西风刮梦秋无际，夜月生香雪满身。毛骨已随天地老，声名不让古今贫。青绫莫为鸳鸯妒，欸乃声中别有春。”这首芦花被诗的手迹至今仍被珍藏，另外，我们还能看到名家据此画成的《芦花被图》。能够想见，当年的贯云石心胸广阔，何等洒脱，不愧为“浊世佳公子”（陈垣评语）。贯云石也因此自号“芦花道人”，每到夏天就到包山上坐禅，暑热退了再下山。也曾上天目山与中峰禅师论道，箭锋相当，令禅师折服。对自己的所作所为，他内心非常坦然：

【双调·清江引】

些儿名利争甚的，枉了著筋力。清风荷叶杯，明月芦花被，乾坤静中心似水。

这时的贯云石与外界几乎没有了来往，每日抱着被子睡到日上三竿，即使有客来访也等不到他起床就走了。自此，道味日浓，世味日淡，真正是：

【双调·清江引】

避风波走入安乐窝，就里乾坤大。醒了醉还醒，卧了重还卧，似这般得清闲的谁似我?

1324年夏天,三十八岁的贯云石溘然仙逝。贯云石有两位妾,名字分别叫洞花、幽草,他金屋藏娇,这件事少有人知道。临终,他作了一首辞世诗,其中有几句曰:“洞花幽草结良缘,被我瞒它四十年。今日不留生死相,海天明月一般圆。”张小山为贯酸斋解嘲曰:

【南吕·骂玉郎过感皇恩采茶歌】

君王曾赐琼林宴,三斗始朝天。文章懒入编修院。红锦笺,白苎篇,黄柑传。学会神仙,参透诗禅。厌尘嚣,绝名利,近林泉。天台洞口,地肺山前,学炼丹。同货墨,共谈玄。兴飘然,酒家眠。洞花溪鸟结姻缘,被我瞒它四十年。海天秋月一般圆。

此曲张可久没有仅仅着眼于姬妾之事,而是把贯云石一生的轨迹都做了描述。

顺时秀思马板肠

元代曲家王元鼎,生平不详,曾有《折桂令》一支咏桃花马云:

【双调·折桂令】

问刘郎骥控亭槐,觉红雨潇潇,乱落苍苔。溪上笼归,桥边洗罢,洞口牵来。摇玉辔春风满街,摘金鞍流水天台。锦绣毛胎,蹴过玄都,千树齐开。

桃花马,乃名马,毛色以白底中杂有斑斑红点,如撒落桃花一般,故名。王元鼎爱赏名马之余,不禁感慨:难道是刘郎从天台山仙境返归人间,把桃花马系在了亭畔的槐树上?如此锦绣毛胎,所过之处不觉扰动了满城的春色。这匹马可能并非王元鼎所有,不过从中可以想见他爱赏好马的心情,他本人也确实拥有一匹价值千金的良马,且爱惜不已,但是为了红颜知己,他居然杀了这匹马。

歌妓顺时秀,姓郭,字顺卿,排行第二,人称“郭二姐”。天性聪慧,最擅长扮演闺怨一类的杂剧,歌声尤其动人,被誉为“金簧玉管,凤吟鸾鸣”。(《青楼集》)顺时秀平日与王元鼎关系最为密切,王元鼎初见顺时秀便觉欢喜,即赠藏头诗一首:“郭外寻芳景物新,顺溪流水碧粼粼,时时啼鸟催人去,秀领花开别是春。”一日,顺时秀偶感风寒,躺在床上不思茶饭,却忽然想吃马板肠。一时间北京城里还真找不到一碗马板肠,看着躺在那里失去了往日光彩的心上人,王元鼎没有犹豫,悄悄吩咐人杀了自己心爱的马,为顺时秀做了一碗香喷喷的马板肠汤。顺时秀吃了这碗汤,发了些汗,第二天病竟痊愈了。看到顺时秀又能婉啭歌喉,舞姿动人,王元鼎内心很是安慰。后来顺时秀才知道马板肠的来历,对王元鼎更是另眼相看,二人恩爱有加。这件事一时被传为佳话,还被好事者编进了戏曲、小说故事。不过也有人并不相信文人与歌伎能有多么牢不可破的爱情,阿鲁威大人就是其中的一位。

阿鲁威,号东泉,蒙古族诗人、散曲家,曾经担任过翰林侍讲学士、同知经筵事等职,后来辞官到南方游历,最后安家在杭州。同时代人张雨有“古来宰相神仙,有谁似得东泉老”之词(《水龙吟·贺东泉学士自寿之作》),感叹阿鲁威不贪恋富贵。翰林院,相当于中央秘书处。唐玄宗时开始设置翰林院侍诏,属于文学侍从官。宋代有翰林学士院,是翰林学士供职之所。辽代开始设置翰林院,元代有翰林兼国史院及蒙古翰林院,主要负责为朝廷起草命令,兼修国史、图书以及译写文字等事务。经筵,是指汉唐以来帝王为讲经论史而特设的御前讲席,宋代开始形成制度,由讲官轮流入侍讲读,元、明、清均沿袭了这一制度。阿鲁威曾经在中央秘书处供职,也曾经担任过皇帝的讲官,翻译了《世祖圣训》、《资治通鉴》等书,并为皇帝讲说。翰林侍讲学士、同知经筵事等职务并没有太多实际的权力,但是随侍皇帝左右,所言所行关系到江山社稷,被认为是“清切贵重”之职。阿鲁威的《咏史》小令很能体现与其职位相称的昂扬气概:

【双调·蟾宫曲】

问人间谁是英雄?有酾酒临江,横槊曹公。紫盖黄旗,多应借得,赤壁东风。更惊起南阳卧龙,便成名八阵图中。鼎足三分,一分西蜀,一分江东。

这位“清切贵重”又能诗赋的阿鲁威大人与顺时秀关系也不错,某日开玩笑问顺时秀:“听说你和王元鼎非常恩爱,拿我跟他做个比较,你觉得谁更胜一筹?”顺时秀没有回答,只是含笑看着阿鲁威。阿鲁威再三要求她一定要说说,于是顺时秀眼神坚定,轻启朱唇,缓缓说出了一段令阿鲁威大人颇为感慨的评价:“大人是朝廷重臣,元鼎不过一介文士。若论经纶朝政、致君泽民,元鼎比不上大人,不过,若论嘲风弄月、惜玉怜香,大人又不及元鼎了。”阿鲁威听了之后,内心里五味翻腾,但也只好一笑作罢。王元鼎听说此事,提笔写了一套曲子:

【商调·河西后庭花】

走将来涎涎瞪瞪冷眼儿眯,杓杓答答热句儿浸。舍不得缠头锦,心疼的买笑金,要你消任,鸳帏珊枕,凤凰杯翡翠衾。低低唱浅浅斟,休逞波李翰林。

【幺篇】支楞弦断了绿绮琴,珰玎掂折了碧玉簪,嗨,堕落了题桥志;吁,阑珊了解佩心。走将来笑吟吟,妆呆妆婪,硬厮挣软厮禁。泥中刺绵里针,黑头虫黄口鸩。

【凤鸾吟】自古到今,恩多须怨深。你说的牙疼誓不害碜!有酒时吟,有饭时啃,你来我跟前委实图甚?小的每声价儿些,心材儿婪,请先生别觅个知音。

【柳叶儿】走将来乜斜头撒唛,不熨贴性儿希林,软处捏硬处搊甜处渗。休忒恁,莫沉吟,休辜负了柳影花阴。

王元鼎用青楼女子口吻、诙谐的笔调刻画了一个善于甜言蜜语、软磨硬泡的穷酸文士形象:“你来了就死皮赖脸盯着人家看,还说了些不着边际的话,却舍不得在人家身上花银子, 我还要倒赔些东西任你享受”;“你说的那些海誓山盟的话也不嫌肉麻,好好吃你的饭、喝你的酒吧,不知道你来我这里图个啥?嫌我们价儿高、心儿贪婪,就请先生到别处去觅知音吧。”大约平日里顺时秀对王元鼎就有这样的“不满”,但在阿鲁威面前却夸他会怜香惜玉,因此王元鼎作曲来嘲讽她,更显得二人关系亲密无间。这首曲中用“涎涎瞪瞪”、“不熨贴”、“休忒恁”

等等通俗的语言自由、生动地描摹了生活化的场景，令人回味无穷。明代文学家李开先、王世贞等对此曲都很赞赏，认为代表了元散曲的特色。正如清代黄周星《制曲枝语》所总结的："曲之体无他，不过八字尽之，曰少引圣籍，多发天然。"

贾伯坚寄曲丢官

贾固，字伯坚，是元代一位仕途比较顺利的才子，不仅文章政事方面比较突出，而且也很擅长作曲。曾任扬州路总管，任满离职，新任总管也已来到，僚属们便设宴庆新送旧。新任总管对他的才华早有耳闻，席间指定"上高杆"为题，请贾伯坚作曲一首。贾伯坚不假思索，吟唱【水仙子】一阕，满座称赏。只可惜这首曲子没能流传下来。

贾伯坚擅长作曲，更钟情于一位擅长唱曲的女子金莺儿。金莺儿是山东一带有名的歌伎，不仅长得美貌，善谈笑，而且特别擅长自弹自唱，无人能比。贾伯坚曾作过山东佥宪，相当于地方的检察官，对金莺儿一见倾心，两个人关系非常亲密。贾伯坚后来被提拔到陕西作西台御史，两人依依不舍地分开了。文人与歌伎各自有自己的人生轨迹，偶然相遇、相知是缘分，被迫分离也是无奈。但是贾伯坚对金莺儿却没有因为别离而忘怀，他作了一首曲子寄给了金莺儿：

【中吕·醉高歌过红绣鞋】

乐心儿比目连枝，肯意儿新婚燕尔。画船开抛闪的人独自，遥望关西店儿。黄河水流不尽心事。中条山隔不断相思。常记得夜深沉人静悄自来时，来时节三两句话。去时节一篇诗，记在人心窝儿里直到死。

山东和陕西，贾伯坚与金莺儿，虽然隔着高高的中条山，却连着绵绵的黄河，两个人的情义隔不断，连得更紧了。这件事很快被传得沸沸扬扬，贾伯坚因此遭到了御史台的弹劾，被罢了官。元代法律规定："诸职官频入茶酒市肆及倡优之家者，断罪罢职。"(《元史·刑法一》)规定是很严格的，但执行的实际效果并不理想，从各种记载来看，与歌伎有亲密关系的人不在少数，但丢官的人并不多。贾伯坚可能因为担任西台御史，本应以身作则才能更好地监督地方官员的行为，但自己却知法犯法，影响太大，所以被做了典型，罢了官。不过，贾伯坚运气不坏，后来仍被起用，还升了官。

贾伯坚寄曲丢官被传为一时佳话，但是后人对元代文士这种不加节制的行为多有诟病。多数情况是，觥筹交错间，文人兴致高涨，以诗词歌赋酬答歌伎，这是酒席间常有之事。官位显达、身负文学盛名的卢挚，就写过非常多赠歌伎的曲子。卢挚，号疏斋，官至翰林学士承旨，文章与姚燧齐名。他写过《广帅饯别席上赠歌者江云》：

【双调·蟾宫曲】

问江云何处飞来，全不似寻常，舞榭歌台。溟海星槎，清秋月窟，流水天台。准备下新愁送客，强教他眉黛舒开。楚楚离怀，香动罗襦，梦绕金钗。

因为元人张席设宴，必定要招歌伎佐酒，所以元曲家写过无数赠歌伎的曲子，环境使然，但是也有人例外。龙鳞洲路过福建，宪使设宴招待，招来官伎小玉带佐酒。酒过三巡，宪使对龙先生说："今天我们的酒喝得高兴，全是小玉带的功劳，请先生赠诗给她作为酬答，一定不要推辞。"龙鳞洲当时身负海内重名，人人敬仰，很怕落人口实，毁了自己的清名，但是宪使的请求又不好拒绝。于是绞尽脑汁，写了一首绝句，委婉表达自己的想法。诗曰："菡萏池边风满衣，木犀庭下雨霏霏。老夫记得坡仙语，病体难禁玉带围。"龙鳞洲用东坡的典故化解了一场尴尬，令举座称叹，其清雅风致令人想见。如果贾固能像龙鳞洲那样坚守文人的清名，就不至于经历那样的坎坷了。

黑刘五与般般丑

文人与歌伎的交往也并非只有亲密或暧昧，刘廷信与般般丑就是少见的君子之交。刘廷信，一位落魄的文人，长得像一座铁塔般又高又黑，家族中排行第五，人称"黑刘五舍"。他天资聪慧，擅长作曲，信口成句，但生活放浪不羁，既没有去做刀笔小吏，也没有参加任何书会来写剧本养家糊口，而是依附于自己的叔伯兄长南台御史刘廷翰生活，也随刘廷翰官职的迁移到处游历。因为他整日混迹市井间，所以散曲作品多是写痴男怨女，且大都追求词藻的新奇，曾作过一套颇为流行的曲子：

【双调·新水令】

春　恨

枕痕一线印香腮，蹙春山两弯眉黛。整金钗舒玉笋，出绣户下瑶阶。穿着对窄窄弓鞋，刚行出绣帘外。

………

【尾声】来时节吃我一会闲顿摔，我可便不比其他性格。将他那信人搬弄的耳朵儿来揪，薄倖乔才面皮上掴。

“枕痕一线印香腮”一句，形象地写出了歌伎春睡方醒的慵懒娇态，受到无数赞赏和追捧。有人因此写出了“枕痕一线泪模糊”、“枕痕一线粉腮新”等等，都没能超过刘廷信的。

歌伎般般丑，姓马，字素卿，因为浑身上下没有长得好看的地方，所以人送名号“般般丑”。般般丑极富才华，擅长词曲、精通音律，驰名湖湘一带。刘廷信极黑、般般丑极丑，二人早已互相闻名却未曾谋面。某日，两人在路上相遇，旁边的朋友从中介绍说：“两位相互认识一下，这是刘五舍，这就是般般丑了。”见过礼之后，刘廷信围着般般丑上下仔细打量，说：“果然名不虚得”。般般丑听了含笑而去。从此后两人如遇知音，常常互赠曲词，市井间往往传唱，只可惜我们今天却听不到了。

兰楚芳，一作蓝楚芳，西域人，官至江西元帅，长得“丰神英秀，才思敏捷”。(《录鬼簿续编》)在武昌时常与刘廷信以散曲互相酬答，犹如唐代的元稹、白居易，人们把他们称为当代的元、白。兰楚芳听说刘廷信与般般丑的见面经过，便用刘廷信的口吻写了一首曲子嘲讽他：

【南吕·四块玉】

风　情

我事事村，他般般丑。丑则丑村则村意相投，则为他丑心儿真博得我村情儿厚。似这般丑眷属，村配偶，只除天上有。

白云怡悦倪元镇

倪瓒,字元镇,江苏无锡人,是一位多才多艺的元曲作家,善琴操,精音律,兼工书画,擅画山水、竹石、枯木等,是元代南宗山水画的代表。倪瓒出身江南富豪,祖父是本乡的大地主,富甲一方。父早丧,弟兄三人,长兄倪昭奎是当时元朝封赠的道教首领。元代统治者,不仅崇奉、利用儒教、佛教,也很推崇道教。成吉思汗在夺取中都(今北京)进军汴京(今开封)之前,就派人到山东去宣召全真道首领丘处机。当时的丘处机社会影响很大,他与成吉思汗的会晤奠定了道教在元代的繁荣。在统治者的扶持下,元代道教的上层人物有很高的地位,且享受种种特权,既避免了劳役租税之苦,也不受官场倾轧之连累。倪瓒早年丧父,由兄抚养长大,亦信奉道教。他从小在优越的环境中长大,兄长还专门为他请了同乡的"真人"王仁辅到家里来教他读书,很少与外界接触,因此养成了他清高孤傲,洁身自好的个性,懒于过问家庭的生计问题,更没有做官的愿望,自号"懒瓒",也有人称"倪迂"。他最为人称道的【水仙子】二首,虽只写出了优越生活中轻松的闲愁,却是极难得的恬淡:

【双调·水仙子】 二首

东风花外小红楼,南浦山横眉黛愁。春寒不管花枝瘦,无情水自流。檐间燕语娇柔,惊回幽梦,难寻旧游,落日帘钩。

吹箫声断更登楼,独自凭栏独自愁。斜阳绿惨红消瘦,长江日际流。百般娇千种温柔,金缕曲新声低按,碧油车名园共游,绛绡裙罗袜如钩。

倪元镇家有一座云林堂和一座三层高的清閟阁,清閟阁比云林堂更胜一筹。阁前种着碧绿的梧桐,四周罗列着各种奇石,阁内藏有经、史、子、集、佛经、道藏千余卷,此外还藏有历朝书法、名画,从三国锺繇的《荐季直表》到宋代米芾的《海岳庵图》等,美不胜收。倪瓒每日在楼上研读典籍,怡情赋诗,除非极投缘的朋友,外人根本没有机会进入。某天,一位来自偏远地方的夷人,到京城去送贡品,途经无锡,久慕倪元镇的大名,很想见一面。他请人送去上百斤极珍贵的沉香,给倪元镇作为见面礼。可元镇并不动心,让人回话说,自己上惠山饮泉水去了。夷人第二天再去,元镇仍推辞说去看梅花了。夷人徘徊其家,不肯离开。元镇无奈只好悄悄命人打开云林堂,请夷人参观。云林堂东边陈设的是古玉器,西

边陈设的是古代的青铜器。夷人看得眼花缭乱，一边赞叹一边又要求参观清閟阁。家人以元镇不在家开不了门拒绝了他，夷人便对着清閟阁的方向拜了两拜，怅然离去。倪元镇三十岁左右时，兄长、母亲相继离世，家道中落。五十岁后，他看到江南灾荒连年，义军四起，元政府强征暴敛，局势动荡不安。于是为逃避官租和义军，散去家财，开始过四处漂泊的生活。【越调·小桃红】写出了他扁舟蓑笠、往来江湖的感慨：

五湖烟水未归身，天地双篷鬓。白酒新篘会邻近，主酬宾。百年世事兴亡运，青山数家，渔舟一叶，聊且避风尘。

倪元镇不隐也不仕，漂泊江湖，别人都不了解他，但他很清楚自己的处境。虽然身处元代末期，他仍然有这一代文人共同的感慨。当年他登上越王台，不禁为宋朝的灭亡感慨伤怀：

【黄钟·人月圆】

伤心莫问前朝事，重上越王台。鹧鸪啼处，东风草绿，残照花开。怅然孤啸，青山故国，乔木苍苔。当时明月，依依素影，何处飞来。

不满于元朝的统治，对于农民起义倪元镇也并不看好。至正十三年，即公元1353年，以张士诚为首领，其弟士义、士德、士信及李伯升等十八人为了反抗官府欺压率盐丁起兵反元，后来他们的队伍逐渐壮大，攻占了很多地方，张士诚自称“吴王”，建立起了临时的地方政权。这个临时政权多次延揽元镇，并委以重任。元镇一次次地回绝了，只是感叹世间没有什么英雄豪杰：

【双调·折桂令】

拟张鸣善

草茫茫秦汉陵阙，世代兴亡，却便似月影圆缺。山人家堆案图书，当窗松桂，满地薇蕨。侯门深何须刺谒，白云自可怡悦。到如今世事难说。天地间不见一个英雄，不见一个豪杰。

倪瓒所追求的不是儒家的高洁，更多的是精神的自由，堪比魏晋士人，自在的白云更能怡悦其心。张士诚的弟弟张士信的所作所为，更让他坚信了自己的看法。一次，张士信听说倪元镇擅长书画，差人拿了画绢请他作画，一并送去很多酬金。这是把元镇当作了谄媚权贵的卖艺之人，倪瓒自然非常恼怒，说："倪瓒不能为王门画师！"并随手撕毁了画绢。张士信于是怀恨在心。某日，士信与一群文士泛舟游览太湖，忽然闻到近旁小舟上有一股异香，士信很是兴奋："一定有名流在此！"他急忙命令朝小舟靠过去，一看之下，不是别人却是倪元镇。张士信还没忘记上次的羞辱，怒火中烧，抽刀直接砍向元镇，众人极力劝阻夺去了利刃，士信又解下随身的鞭子抽了过去，众人仍然一力救助，元镇并不躲闪也不出声，最终还是挨了鞭子。事后他轻描淡写地对人说："我不能出声，一出声便俗了。"倪瓒曾作一诗以述其怀："白眼视俗物，清言屈时英，富贵乌足道，所思垂令名。"

金莲杯与橙杯

杨维桢，元末明初著名文学家、书画家，与陆居仁、钱惟善合称为"元末三高士"。杨维桢，自号铁崖，因其父杨宏在铁崖山上筑楼，楼外种梅百株，楼上藏书万卷，并将梯子撤去，让他与从兄杨维翰在楼上专心读书，每天用辘轳传送食物上去，杨维桢就这样在上面苦读了五年。杨维桢擅长吹笛，曾经在洞庭湖上面把一把古断剑熔化做成了一管铁笛，名之曰洞庭铁龙，亦自号"铁笛道人"。满腹才学的杨维桢于泰定四年，即1327年得中进士，任天台县尹。他曾经满怀豪情，希望有所作为，在他的曲作《吴公吊古》中，越王勾践卧薪尝胆，利用美女西施，让荒淫好色的吴王夫差亡了国，然而勾践最终也走上了骄奢亡国的道路，看似怀古，其实是对元朝现实的深沉关怀：

【双调·夜行船】

吊　古

霸业艰危，叹吴王端为。苎罗西子，倾城处，妆出捧心娇媚。奢侈，玉液金茎，宝凤雕龙，银鱼丝鲙。游戏，沉溺在翠红乡，忘却卧薪滋味。

【前腔】乘机，勾践雄徒。聚干戈，要雪会稽羞耻。怀奸计，越赂私通伯嚭。谁知，忠谏不听，剑赐属镂，灵胥空死。狼狈，不想道请行成，北面称臣不许。

【斗哈蟆】堪悲，身国俱亡。把烟花山水，等闲无主。叹高台百尺，顿遭烈炬。休觑，珠翠总劫灰，繁华只废基。恼人意，叵耐范蠡扁舟，一片太湖烟水。

【前腔】听启，檇李亭荒。更夫椒树老，浣花池废。问铜沟明月，美人何处？春去，杨柳水殿欹，芙蓉池馆摧。动情的，只见绿树黄鹂，寂寂怨谁无语。

【锦衣香】馆娃宫，荆榛蔽。响屧廊，莓苔翳。可惜剩水残山，断崖高寺，百花深处一僧归。空遗旧迹，走狗斗鸡。想当年僭祭，望郊台凄凉云树，香水鸳鸯去。酒城倾坠，茫茫练渎，无边秋水。

【浆水令】采莲泾红芳尽死，越来溪吴歌惨凄。宫中鹿走草萋萋，黍离故墟，过客伤悲。离宫废，谁避暑？琼姬墓冷苍烟蔽。空原滴，空原滴，梧桐秋雨，台城上，台城上，夜乌啼。

【尾声】越王百计吞吴地，归去层台高起，只今亦是鹧鸪飞处。

杨维桢生性直爽，所以在官场上屡屡受挫。先是因为依法惩治作恶县吏，遭到报复被贬黜。再任钱清盐场司令，因为请求减轻盐税没有得到允许，他便要求投印辞官，才获准减额三千，但也因此忤逆上司，十年不获升迁。之后杨维桢又因冒犯丞相达识帖木儿而徙居松江（今属上海市），于是筑园圃蓬台，门上写着榜文：“客至不下楼，恕老懒；见客不答礼，恕老病；客问事不对，恕老默；发言无所避，恕老迂；饮酒不辍车，恕老狂。”张士诚自立为王之后，曾经数次招纳他，都被拒绝了。一天，张士诚专门派人把他堵在路上，强行拉到了自己面前，还请他喝皇帝赐给自己的御酒，杨维桢没有推辞，喝了个痛快，之后用手指画着桌上的尘土写了一首绝句：“江南处处烽烟起，海上年年御酒来。如此烽烟如此酒，老夫怀抱几时开？”张士诚看他心意决绝，只好放他回去。

杨维桢雅好声伎，晚年便过起了风流洒脱的生活，有人感慨“可怜一代杨夫子，化作江南散乐家”。阿里西英在懒云窝清香亭设宴，佐酒的歌伎是东平玉无瑕张氏。酒过三巡，张氏请杨维桢赠曲。杨维桢作《双飞燕调》，张氏即席演唱：

【中吕·普天乐】

玉无瑕，春无价，清歌一曲，俐齿伶牙。斜簪鬏髻花，紧嵌凌波袜。玉手琵琶弹初罢，怎教他流落天涯。抱来帐下，梨园弟子，学士人家。

杨维桢最具创意的是“金莲杯”。他于筵席间，看到歌伎舞女有特别纤小的缠足小脚，就脱其鞋把酒杯放在里面来饮酒，美其名曰“金莲杯”。他的创意后来成为明清文人席间常有的游戏，明代文人王世贞留有诗句：“手持此物行客酒，欲君齿颊生莲花。”有一次宴会，倪元镇也在座。他是有洁癖之人，每次洗头要换好多遍水，穿衣服之前要拍打很多次才肯穿上身。那天杨维桢兴致很高，又脱了某位歌姬的鞋，做成金莲杯，让坐客们轮流用此杯饮酒，倪元镇见之大怒，拍案而起，拂袖而去。杨维桢又意外又恼火，酒席不欢而散，从此二人也再无来往。

“金莲杯”不是人人都能接受得了的，有一种“橙杯”就更清雅、环保。西溪王博文家设宴，白朴、卢挚等都在座，歌伎红梅把橙子皮做成酒杯，为客人敬酒。文士们兴致很高，纷纷写诗作歌。白朴有《风入松》词曰：“软金杯衬硬金杯，香卷洞庭回。”可见红梅也是把酒杯放在橙皮中喝酒。卢挚作《蟾宫曲》赠之：

【双调·蟾宫曲】

橙　杯

摘将来犹带吴酸，绣縠轻纹，颜色深黄。纤手佳人，用并刀剖出甘穰。波潋滟宜斟玉浆，鲜团圞，雅称金觞。酒入诗肠，醉梦醒来，齿颊犹香。

元人还发明了“解语杯”。至正年间，在松江泗滨夏氏的清樾堂上，陶宗仪被邀请去饮酒，主人摘下正在盛开的荷花，把小金杯放在其中，命歌姬捧着来行酒。坐客们左手拿花枝，右手分开花瓣就可以喝到杯中的酒。陶宗仪很欣赏这样风雅别致的酒杯，因名之曰“解语杯”，大家都点头称好。清康熙年间清樾堂为附贡生马潮所得，修葺之后命名为肯园，内有古榆、古银杏各一株，相传为清樾堂旧有之物。潮涨潮落，而今我们只能在残缺的建筑中想象文人当年的风雅了。

陈抟高卧

马致远写了很多神仙道化剧，贾仲明评价他："万花丛中马神仙，百世集中说致远。"陈抟，即陈希夷，北宋初著名的道士，他高卧白云，不染尘俗的潇洒态度，是元代全真道所崇敬的，被看作是道家的典型。然而，马致远的《西华山陈抟高卧》杂剧着重塑造了能指点江山、又能功成身退的陈抟形象，这个"陈抟"是元代不得志文人心中理想的代表，他们渴望建功立业，如陈抟一般能受到重视，能自由驰骋才干，他们做这些并不为名利，陈抟就说"吾徒不是贪财客，欲与人间结福缘"。文人们也看到了历代功成之人最好的选择，就是"推开名利关，摘脱英雄网"。

五代时神仙陈抟隐居避乱，某天在山顶上看到中原一带地气很旺，掐指一算，算出当有真命天子出来治世。他下凡人间，遇到了赵玄朗和郑恩，相看之后吃了一惊：

【醉中天】我等你呵，似投吴文整；你寻我呵，似觅吕先生。教我空踏断草鞋双带鞓，你君臣每原来在这搭儿相随定。这五代史里胡厮杀，不曾住程，休则管埋名隐姓，却教谁救那苦恹恹天下生灵？

【后庭花】黄河一旦清，东方日已明。有兴处饮醁醑千钟醉，没人处倒山呼万岁声。贫道呵，索是失逢迎。遇着这开基真命，拚今朝醉不醒。（杂剧《陈抟高卧》第一折节选）

盼明君、盼贤臣，陈抟唱出了他的心声。得遇明君，陈抟内心的喜悦，更是无以言表。他借算卦指明二人未来有君臣之命，汴梁就是他们的龙兴之地。赵玄朗听了很是高兴，他承诺，将来天下果真如陈抟所说，太平之时，他会拜请陈抟下山，共享太平之福。

后来赵玄朗果然做了皇帝，即宋太祖。赵玄朗没有食言，得天下后召陈抟入朝，但陈抟百般推辞。赵玄朗决定先加封他道号希夷先生，赐鹤氅金冠玉圭，陈抟于是被迫下山。他来到东京汴梁，看看尘世纷纷，浮生攘攘，觉得这趟下山实在不是他的本意。

【正宫·端正好】下云台，来朝会，不听的华山里鹤唳猿啼。道人非为苍生起，只是报圣主招贤意。

【叨叨令】向那华山中已觅终焉计，怎生都堂内才看旁州例。议公事枉损了元阳气，理朝纲怕搅了安眠睡。贫道做不的官也么哥，做不的官也么哥！不要紫罗袍，只乞黄䌷被。（杂剧《陈抟高卧》第二折节选）

赵玄朗再三劝他不要推辞做官，说朝中为官，总比山中学道好多了。陈抟回答说，为官的好处，贫道也知道的很清楚：

【滚绣球】三千贯两千石，一品官二品职，只落的故纸上两行史记，无过是重茵卧列鼎而食。虽然道臣事君以忠，君使臣以礼，哎，这便是死无葬身之地，敢向那云阳市血染朝衣。贫道呵，本居林下绝名利，自不合刬下山来惹是非，不如归去来兮。（杂剧《陈抟高卧》第二折节选）

陈抟终于明确说出了，他做不得官的原因，就是要避祸。正如查德卿在他的散曲里所说，为官的路上步步都充满了险恶。正因为如此，陈抟坚决抵制了郑恩所安排的美酒、美女的诱惑，终于得偿所愿，继续隐居山林，过逍遥自在的生活：

【离亭宴带歇指煞】把投林高鸟西风里放，也强如衔茶野兔深宫里养。你待要加官赐赏，教俺头顶紫金冠，手执碧玉简，身着白鹤氅。昔年旧草庵，今日新方丈。贫道呵，除睡外别无伎俩。本不是贪名利世间人，则一个乐琴书林下客，绝宠辱山中相。推开名利关，摘脱英雄网，高打起南山吊窗。常则是烟雨外种莲花，云台上看仙掌。（杂剧《陈抟高卧》第四折节选）

滑稽谐谑

元代没有了宋代那样的道统束缚，文人们真正融入了世俗生活里，戏曲里写的是普通人的经历，散曲里唱的也是市井的情感。在这样轻松的社会氛围中，元代的文士们都很崇尚谈笑，甚至很多歌伎因为善谈笑而受追捧，如《青楼集》所记，梁园秀“歌舞谈谑，为当代称首”，张怡云“能诗词，善谈笑”，国玉第“长于绿林杂剧，尤善谈谑”，玉莲儿“歌舞谈谑，悉造其妙”，樊香歌“妙歌舞，善谈谑”。谈笑的极致便是滑稽谐谑，它是才思敏捷的表现，这样的才能并非人人都有。

嗓

王和卿，元曲作家，以滑稽闻名四方。平时便一副玩世不恭的王和卿，笔下有很多令人捧腹的形象：

【双调·拨不断】

长毛小狗

丑如驴，小如猪，《山海经》检遍了无寻处。遍体浑身都是毛，我道你有似个成精物，咬人的笤帚。

【双调·拨不断】

王大姐浴房内吃打

假胡伶，聘聪明。你本待洗腌臜倒惹得不干净。精尻上匀排七道青，扇圈大膏药刚糊定，早难道外宣无病。

除此之外，还有秃子、胖妓、俊妓、大鱼等等形象，最让他名声大振的是一首《咏大蝴蝶》。《岭南异物志》记载：有人在海上行船，忽然看到一个如船帆一样的东西在飘浮，等它飘到头顶上时，大家便争相向它扔东西，“帆”被打破了，掉了下来，原来是一只巨大的蝴蝶。大家把它的翅膀除去，足足还有八十斤肉，便做成了一顿美餐。某天,元大都的街上也飞来一只巨大的蝴蝶。在王和卿的笔下,这只大蝴蝶变成了"采花大盗",他用滑稽、夸张的写法讽刺了当时的"权豪势要"为非作歹的丑恶行径:

【仙吕·醉中天】

咏大蝴蝶

弹破庄周梦,两翅架东风。三百座名园一采个空。难道风流种?唬杀寻芳的蜜蜂。轻轻的飞动,把卖花人搧过桥东。

关汉卿也很擅长滑稽谐谑,曾写过咏秃指甲的曲子:

【仙吕·醉扶归】

秃指甲

十指如枯笋,和袖捧金樽,搊杀银筝字不真,揉痒天生钝。纵有相思泪痕,索把拳头揾。

这两个喜欢戏谑的人碰在一起,总是互相讥谑,而最后的结果总是王和卿占上风。关汉卿闲暇时也常常琢磨,下一次见到王和卿要如何回击他,可惜没有一次奏效。有一天,王和卿突然坐化了,鼻孔中还垂下来两条一尺来长的鼻涕,见到的人都惊讶不已。关汉卿也前去吊唁,向旁边的人打听怎么回事,有人告诉他:"此释家所谓坐化也"。坐化一般是有很高佛学修养的人,或有悟性的人能预知死亡的到来,便可坐着安然离世,关汉卿可不认为王和卿是坐化了。他又问鼻子里垂下来的是什么,那个人回答:"此乃玉箸"。关汉卿认为这是美化死人的形象,反驳说:"我说你这是无知,那怎么能是玉箸,应该是嗓。"凡是牲口受了风寒,鼻子里就常常会流出脓水,老百姓叫"嗓病",也有人把爱揭别人的短处叫作"嗓",大家听了关汉卿把"玉箸"说成"嗓"都不由得暗自发笑。后来有人戏谑关汉卿:"你被王和卿讥讽了半辈子,他死了你才终于报了一回仇。"

唱彻醋葫芦

在元曲作家滑稽戏谑的氛围里,他们的家庭生活也变得有趣了。据说,关汉卿曾无意中发现夫人的一位陪嫁丫环出落得亭亭玉立,他一见倾心,就开始想各种办法要纳为妾室，但是夫人却极力阻拦，不让他接近小丫环。关汉卿很是无奈，就写了一首曲子给夫人：

【中吕·朝天子】

鬓鸦，脸霞，屈杀将陪嫁。规模全是大人家，不在红娘下。笑眼偷瞧，文谈回话，真如解语花。若咱得他，倒了葡萄架。

“倒了葡萄架”一句，应该来自在当时也在流行的一个笑话。有一个官吏非常怕老婆，一天与老婆吵架，被老婆抓破了脸。第二天在大堂，太守见他脸上有几道血痕，就问他是怎么回事。这个官吏不好意思说实话，就撒谎说，“昨晚我在葡萄架下乘凉，忽然葡萄架就倒了，一下子把我的脸皮给刮破了。”太守自然不信，非常严厉地说：“肯定是你老婆抓破的，我现在就派人把她抓来，审问清楚。”太守夫人正躲在后堂偷听，太守的话音刚落，里面夫人已经大怒，不管不顾地冲了出来。太守慌了手脚，忙对这个官吏说：“你先行退下，我府里的葡萄架也要倒了。”关夫人自然也是知道这个笑话的，她并没有因为关汉卿用这个故事来嘲讽她的凶悍，就有所让步，她给关汉卿回了一首诗：

闻君偷看夫人图，不似关王大丈夫。金屋若将阿娇贮，为君唱彻醋葫芦。

关汉卿曾在他的剧作《关大王单刀会》中，塑造了一个英勇无畏的关大王形象，他只带了几十个随从，一叶小舟，就敢应鲁肃之邀到东吴去赴会：

【双调·新水令】

大江东去浪千叠，引着这数十人驾着这小舟一叶。又不比九重龙凤阙，可正是千丈虎狼穴。大丈夫心别，我觑这单刀会似赛村社。(《关大王单刀会》第四折节选)

夫人讽刺关汉卿，你这个“关大王”却不像是光明磊落的大丈夫。《醋葫芦》是曲牌名，夫人用“唱彻醋葫芦”来讥诮关汉卿，他是不会得逞的。关汉卿看夫人如此坚决，只好叹息作罢。

赵管唱和

赵孟頫，字子昂，号松雪道人，宋太祖第三子秦王赵德芳的后代，元代著名书画家，与颜真卿、柳公权、欧阳询并称为“楷书四大家”。夫人管道升，也是元代有名的书画家。元仁宗曾将赵孟頫、管道升及其子赵雍的书法作品合装一轴，藏之秘书监，说：“今后世知我朝有善书妇人，且一家皆能书，亦奇事也。”赵、管二人志趣相投，琴瑟和谐。管道升不仅持家有方，而且善解人意。宋亡之后，元朝政府派人到江南搜访遗逸，赵孟頫被举荐给皇帝，但是他因为宋朝宗室的身份，难免受到猜忌、非难。苦闷之时，夫人曾写《渔父词》极力劝慰：“南望吴兴路四千，几时回去云溪边。名与利，付之天，笑把渔竿上画船。”

赵孟頫也是滑稽戏谑之人。他曾经自己刻了一枚私章曰“水晶宫道人”，他为自己能想出这样绝妙的字号而得意不已，到处炫耀。周密见了说，这个字号起得妙，不过我也想出来一个，就叫“玛瑙寺行者”，正好和你的匹配。赵孟頫听了很是沮丧，后来再也不用那枚印章了。之后有一天，他看到周密同乡崔进之的药铺挂了一块牌匾曰“养生主药室”，于是他对崔进之说，我有一个更好的匾送给你，就写上“敢死军医人”，正好凑成一副。崔进之听了，就把那块牌匾给卸掉了。赵孟頫欢欣鼓舞，对人说：“今天终于为我的‘水晶宫’出了一口恶气。”这样好笑的“报复”恐怕世间少有，而这样诙谐的生活态度也让他的家庭生活充满乐趣。有一日，赵孟頫闲来无聊，就写了一首小曲给管夫人：

我为学士，你做夫人。岂不闻，陶学士有桃叶桃根，苏学士有朝云暮云。我便多娶几个吴姬越女何过分？你年纪已过四旬，只管占住玉堂春。

这里的陶学士应该是王学士，也就是晋代名人王献之。桃叶，王献之的侍妾。王献之当年曾作《桃叶歌》曰："桃叶复桃叶，渡江不用楫；但渡无所苦，我自迎接汝。"今天南京的桃叶渡，相传为王献之迎接桃叶的地方。《桃叶歌》其二曰："桃叶复桃叶，桃树连桃根。相怜两乐事，独使我殷勤。"因其中"桃树连桃根"，后世遂以桃叶桃根为姊妹，并为献之姬妾。朝云是苏东坡的侍妾，暮云只是虚指。朝云死后，苏东坡将她葬在惠州西湖孤山南麓栖禅寺大圣塔下的松林之中，并在墓上筑六如亭以纪念她，亭柱上镌有一副楹联：不合时宜，惟有朝云能识我；独弹古调，每逢暮雨倍思卿。既然桃根、暮云都是赵孟頫自己夸张出来的，他纳妾的想法其实也是半真半假，只是想用这样的玩笑来试探夫人。二人一向恩爱，如今赵孟頫突然提出这样的事情，着实令夫人伤心不已。她一向明事理，又才思敏捷，希望用真情来化解困境，于是也回了一首小曲：

你侬我侬，忒煞情多。情多处，热似火。把一块泥，捻一个你，塑一个我。将咱两个，一齐打破，用水调和。再捻一个你，再塑一个我。我泥中有你，你泥中有我。与你生同一个衾，死同一个椁。

赵孟頫看了这首曲子，大笑不已，夫人用心良苦，他也很感动，纳妾的事也就作罢了。

管夫人所作的小曲在元末，还流行着另外一个版本：

【锁南枝】

傻酸角，我的哥，和块黄泥儿捏咱两个。捏一个儿你，捏一个儿我。我捏的来一似活托，捏的来同床上歇卧。将泥人儿摔碎，着水儿重和过，再捏一个你，再捏一个我。哥哥身上也有妹妹，妹妹身上也有哥哥。

据说，这首曲子在明代依然流行。有学子专门从乡下来到开封城，向李梦阳请教如何作诗文，李梦阳就是明代倡导"文必秦汉、诗必盛唐"的复古派前七子的领袖人物。出乎这位学子意料之外的是，大名鼎鼎的文坛泰斗李梦阳竟然告诉他，想要写好诗文，就要学当时流行的歌曲《锁南枝》。这位好学之人听了李梦阳的话，就每天到街市上去闲逛，果然有一天听到酒楼上传来歌女悦耳的唱腔，正是《锁南枝》，欣喜不已，如获至宝。后来天天到那家酒楼去听歌，连听了几天《锁南枝》后，真的对如何作诗有所领悟，高兴地跑去感谢李梦阳。前七子的另一位领袖人物何大复，到开封城的时候，李梦阳也请他听《锁南枝》，何大复听了之后也大为赞赏，曰："此时调中状元也，有非后世诗人墨客操觚染翰，刻骨流血，所能及者。"何大复便以《锁南枝》佐酒，听一遍，喝一杯，一场酒席听了几十遍《锁南枝》，也喝了几十杯酒，酒醉而散。

庄家不识勾栏

宋代民间开始出现专门的商业化演出场所，被称为"瓦子"或"瓦舍"，宋代吴自牧的《梦粱录》里解释说："瓦舍者，谓其来时瓦合，出时瓦解之义。易聚易散也。"也就是各种商业表演相对固定的集散场所，这里也集中了很多酒楼、茶肆以及杂货买卖，是老百姓集中购物、娱乐、休闲的最佳场所。瓦舍中专门用来表演的场所被称为"勾栏"，形状类似于我们今天马戏团表演时所搭的棚子，里面用栏杆隔开了观众席与表演区。据记载，宋代都城汴京的瓦子有很多处，大瓦子里可容纳约 50 余个勾栏，有些大的勾栏一次可以容纳上千人，每天瓦子中人来人往，勾栏里都在演说着各种悲欢离合的故事，让人不禁想见当时城市生活的繁华、热闹。元代杂剧兴盛，很多文人由于社会状况的变迁成为了职业剧作家，勾栏里演唱的曲子、表演的故事更加精彩纷呈。

我们今天虽然已经无法真切体验瓦舍、勾栏的繁华、热闹，不过元代曲家杜仁杰为我们记录了一位庄稼汉进勾栏的经历，他对于勾栏充满了好奇与新鲜感，如同刘姥姥进大观园一般：

【般涉调·耍孩儿】

庄家不识勾栏

风调雨顺民安乐，都不似俺庄家快活。桑蚕五谷十分收，官司无甚差科。当村许下还心愿，来到城中买些纸火。正打街头过，见吊个花碌碌纸榜，不似那答儿闹穰穰人多。

【六煞】见一个人手撑着椽做的门，高声的叫"请、请"，道迟来的满了无处停坐。说道：前截儿院本《调风月》，背后幺末敷演《刘耍和》。高声叫："赶散易得，难得的妆哈"。

一位丰收后的庄稼汉怀着轻松、愉快的心情进城了，买了早就想好要买的东西后，便在街上闲逛，看到一个棚子不像其他店铺人多热闹，外面挂着招牌，只见上面花花绿绿的，并不知道写着什么。其实，就是我们今天说的海报，宣传“某某名角在此作场”。门口还有专门的接待，为了招徕客人也在做宣传。今天里面正准备上演的是《调风月》和《刘耍和》，应该都是流行的剧目。

【五】要了二百钱放过咱，入得门上个木坡，见层层叠叠团圞坐。抬头觑是个钟楼模样，往下觑却是人旋窝。见几个妇女向台儿上坐，又不是迎神赛社，不住的擂鼓筛锣。

【四】一个女孩儿转了几遭，不多时引出一伙，中间里一个央人货，裹着枚皂头巾顶门上插一管笔，满脸石灰更着些黑道儿抹。知他待是如何过？浑身上下，则穿领花布直裰。

【三】念了会诗共词，说了会赋与歌，无差错。唇天口地无高下，巧语花言记许多。临绝末，道了低头撮脚，爨罢将幺拨。

【二】一个妆做张太公，他改做小二哥，行、行、行，说向城中过。见个年少的妇女向帘儿下立，那老子用意铺谋待取做老婆。教小二哥相说合，但要的豆谷米麦，问甚布绢纱罗。

【一】教太公往前那不敢往后那，抬左脚不敢抬右脚，翻来复去由他一个。太公心下实焦燥，把一个皮棒槌则一下打做两半个。我则道脑袋天灵破，则道兴词告状，划地大笑呵呵。

庄稼汉心情好，决心进去见识一下。勾栏里的观众席也如我们今天的剧场中的座位一样是前低后高，为的是后面的观众不被前面的挡住。庄稼汉坐在后排可没有想到这些好处，抬头看看顶棚，像钟楼一样，又低头一看，黑压压的全是脑袋，像是“人旋窝”。他再往前看，就看到了舞台。上面几个女孩子正在敲锣打鼓，这是戏班的乐队，她们随意演奏一些曲子，一是可以热身，更重要的是为了等待观众陆续入场，可以留住已经来了的观众，使他们感觉演出就要开始。庄稼汉更不知道有这样的商业模式，心里极为疑惑：又不是迎神、祭祀，干什么吹吹打打这样热闹。接着表演开始，先是一群人上来表演一番插科打诨，这实际是宋代以来杂剧表演的路数，叫“副末开场”，庄稼汉只看到演员的装扮很奇怪，脸上抹得也可笑，“满脸石灰更着些黑道儿抹”。之后就是正剧《调风月》的表演了，这个剧情庄稼汉全看懂了，还被逗得大笑起来。

【尾】则被一胞尿，爆的我没奈何。刚捱刚忍更待看些儿个，枉被这驴颓笑杀我。

正看得高兴，庄稼汉忽然有些尿急。他想自己花了两百钱呢，不能这样白白扔了，就一直忍着，也不敢笑了，也不敢动了。后来实在憋得难受，他只好走出了剧场，心里忿忿不平，暗自骂娘。

相思债

元代文人喜欢以某斋作为自己的名号，这个“某”字怎么取，前人都很讲究，元代文人却很随意，自娱、自适，或标明个性，或依据爱好。比如徐再思因为喜欢吃甜食，所以自号甜斋。贯云石，自号酸斋。后人就把他们的作品编成一个集子，很有趣，叫《酸甜乐府》。贯酸斋对杨朝英说：“我酸，你就应该澹”，于是杨朝英自号澹斋。“酸”和“澹”大约都是依据其作品的风格而来，贯云石写的很多爱情、相思之作，大胆夸张，让人有“酸掉牙”的感觉：

【双调·清江引】二首

玉人泣别声渐杳，无语伤怀抱。寂寞武陵源，细雨连芳草，都被他带将春去了。

若还与他相见时，道个真传示。不是不修书，不是无才思，绕清江买不得天样纸。

杨朝英的相思曲相对就含蓄、清淡了许多：

【双调·得胜令】

庭院正无聊，单枕拥鲛绡。细雨和愁种，孤灯带梦烧。难熬，促织儿窗前叫。焦焦，焦得来不待焦。

从古至今，爱情都是文学艺术作品中长盛不衰的主题。而在这些诙谐的元代文人笔下，爱情被描摹得更加泼辣豪放、生动鲜活。徐甜斋笔下的这位女子，见到心上人从门前经过，欣喜若狂，刚想叫住他，又怕别人笑话，灵机一动，便唱起心上人熟悉的歌，希望能引起他的注意：

【双调·沉醉东风】

一自多才间阔，几时盼得成合。今日个猛见他门前过，待唤着怕人瞧科。我这里高唱当时《水调歌》，要识得声音是我。

也许是时间隔得太久了，已经忘了她的歌声，也许是离得太远没听到，心上人还是越走越远了。女孩子坐在她的绣楼上害起了相思病：

【双调·清江引】

相　思

相思有如少债的，每日相催逼。常挑着一担愁，准不了三分利，这本钱见他时才算得。

害相思的人就如欠了别人的高利贷，天天被人逼着还债，放不下，也逃不掉，这样的相思债，除非让我见到心上人，才能连本带利还清。

世上害相思的人很多，元代曲家王实甫的《西厢记》中，张生对崔莺莺的相思险些让他丧了命。进京赶考的张君瑞顺道游览普救寺，恰逢崔莺莺与母亲护送父亲灵柩回故乡，也在普救寺暂住，二人无意中在大殿里相遇。张生一见莺莺，惊为天人：

【元和令】颠不剌的见了万千，似这般可喜娘的庞儿罕曾见。则着人眼花撩乱口难言，魂灵儿飞在半天。他那里尽人调戏亸着香肩，只将花笑拈。

【上马娇】这的是兜率宫，休猜做了离恨天。呀，谁想着寺里遇神仙！我见他宜嗔宜喜春风面，偏、宜贴翠花钿。（杂剧《西厢记》第一本第一折节选）

张生见了莺莺之后，也不着急赶考了，决定暂时也住在普救寺中，想方设法接近莺莺。他茶饭不思，更无心读书，害起了相思病：

【中吕·二煞】院宇深，枕沁凉，一灯孤影摇书幌。纵然酬得今生志，着甚支吾此夜长。睡不着如翻掌，少可有一万声长吁短叹，五千遍捣枕捶床。

【尾】娇羞花解语，温柔玉有香，我和他乍相逢记不真娇模样，我则索手抵着牙儿慢慢的想。（杂剧《西厢记》第一本第二折节选）

莺莺见过张生之后，也留下了很好的印象。二人便在月夜下隔墙对诗，互相试探。谁料事情很快就出现了变化，叛将孙飞虎率兵包围普救寺，要抢了崔莺莺做压寨夫人。崔夫人被逼无奈，只好当众许诺：谁能退却贼兵，就将莺莺嫁给谁。张生向好友白马将军杜确求救，围兵被解。但是事件平息之后，崔夫人却反悔了，她让莺莺与张生以兄妹相称。二人本来已经是你有情我有意，此时的失落可想而知。张生一病不起，奄奄一息。莺莺的丫环红娘，替二人传递书简，帮助莺莺冲破束缚，与张生私自结合。事情很快被老夫人看破，她又以"三辈儿不招白衣女婿"为由，要求张君瑞考中状元再来娶莺莺。莺莺很无奈地去送张生赶考，满眼里见到的都是凄凉，内心里想的只有难分难舍：

【正宫·端正好】碧云天，黄花地，西风紧，北雁南飞。晓来谁染霜林醉，总是离人泪。

【滚绣球】恨相见得迟，怨归去得疾。柳丝长，玉骢难系，恨不倩疏林挂住斜晖，马儿迍迍的行，车儿快快的随，却告了相思回避，破题儿又早别离。听得道一声去也，松了金钏。遥望见十里长亭，减了玉肌。此恨谁知？（杂剧《西厢记》第四本第二折节选）

莺莺不知道度过了多少相思不眠之夜，盼张生盼得望眼欲穿。张生不负众望考得状元，写信向莺莺报喜。崔莺莺父亲在世时，就已将她许配给郑氏的侄儿郑恒，这时郑恒又一次来到普救寺，捏造谎言说张生已被卫尚书招为东床佳婿。于是崔夫人再次将小姐许给郑恒，并决定择吉日完婚。恰巧成亲之日，张生以河中府尹的身份归来，征西大元帅杜确也来祝贺。真相大白，郑恒羞愧难言，含恨自尽，张生与莺莺有情人终成眷属。

墙头马上

元曲作家的笔下,很多女子都是感情大胆,爱憎分明,她们冲破了家庭和社会的束缚,敢于为自己的终身作主,这在之前的历朝历代都是少有的。下面的曲中即写了一位女孩子背着父母自由恋爱,没想到男子背盟负心,女孩子也不示弱大胆表示分手:

【仙吕·寄生草】

有几句知心话,本待要诉与他。对神前剪下青丝发,背爷娘暗约在湖山下,冷清清湿透凌波袜。恰相逢和我意儿差。不剌,你不来时还我香罗帕。

元曲家白朴的杂剧《裴少俊墙头马上》更细致地讲述了一位大家千金主动追求幸福的故事。尚书裴行检的儿子裴少俊,奉唐高宗之命去洛阳买花。某日经过洛阳总管李世杰的花园,在马上看见他家女儿李千金正立在墙头向外张望。李千金也看到了这位美少年:

【金盏儿】兀那画桥西,猛听的玉骢嘶。便好道杏花一色红千里,和花掩映美容仪。他把乌靴挑宝镫,玉带束腰围,真乃是能骑高价马,会着及时衣。(杂剧《墙头马上》第一折节选)

李千金对裴少俊一见倾心,暗自下了决心:"既待要暗偷期,咱先有意,爱别人可舍了自己。"裴少俊也倾心于李千金,于是写了一首诗去投石问路。小丫环一再提醒小姐要矜持,可李千金并不在意,也写了答诗回复少俊:"深闺拘束暂闲游,手拈青梅半掩羞。莫负后园今夜约,月移初上柳梢头"。到了约定的时间,李千金派丫环去接裴少俊,丫鬟嘴里嘟囔:"这么直的一条道,你还怕他迷了路。"李千金十分感慨说:"你道方径直如线,我道侯门深似海。"她是个胆大的有心人,嘱咐小丫环一定要小心,别惊动了别人:

【骂玉郎】相逢正是花溪侧,也须穿短巷过长街。又不比秦楼夜宴金钗客,这的担着利害,把你那小性格且宁奈。

【感皇恩】咱这大院深宅，幽砌闲阶，不比操琴堂，沽酒舍，看书斋。教你轻分翠竹，款步苍台，休惊起庭鸦喧，邻犬吠，怕院公来。(杂剧《墙头马上》第二折节选)

裴少俊来到李千金房中，二人在屋里说话，屋外奶妈经过，听到了动静。看到裴少俊，很是生气，一会儿埋怨丫环不懂事，一会儿又说要去告官。李千金这时候并不慌张，她对奶妈直言相告：

【菩萨梁州】是这墙头掷果裙钗，马上摇鞭狂客。说与你个聪明的奶奶，送春情是这眼去眉来。则这女娘家直恁性儿乖，我待舍残生还却鸳鸯债，也谋成不谋败。是今日且停嗔过后改，怎做的奸盗拿获？(杂剧《墙头马上》第二折节选)

奶妈知道是他们二人一见钟情，就提出两种办法：第一让裴秀才去求官，得了官再来娶李千金，若不得官，李千金只好嫁别人；第二就今天晚上放他们两个私奔。李千金很坚决选择私奔：

【黄钟尾】他折一枝丹桂群儒骇，怎肯十谒朱门九不开。不是我敢为非敢作歹，他也有风情有手策；你也会圆成会分解，我也肯过从肯耽待。便锁在空房，嫁在乡外。你道父母年高老迈，那里有女孩儿共爷娘相守到头白？女孩儿是你十五岁寄居的堂上客。(杂剧《墙头马上》第二折节选)

裴少俊带着李千金回到洛阳，并不敢告诉父母，他把李千金藏在了后花园。一藏就是七年，二人还有了两个孩子，儿子端端六岁，女儿重阳四岁。少俊的父亲裴尚书经常在外面忙工作，很少回家，以为儿子每天都在后花园中看书，等到考取功名才愿意娶妻生子。清明节，裴尚书回家来准备上坟，没想到染了风寒，只好让夫人与儿子去上坟，自己在家休息。他无意间走向后花园，正撞见端端与重阳，李千金知道事情被公公发觉了，吓得魂儿都没了：

【豆叶儿】接不着你哥哥，正撞见你爷爷。魄散魂消，肠慌腹热，手脚獐狂去不迭。相公把柱杖掂详,院公把扫帚支吾,孩儿把衣袂掀者。

【挂玉钩】小业种把栊门掩上些,道的跳天撅地十分劣。被老相公亲向园中撞见者,唬的我死临侵地难分说。氲氲的脸上羞,扑扑的心头怯;喘似雷轰,烈似风车。(杂剧《墙头马上》第三折节选)

裴尚书一番审问终于知道了事情的原委,他坚决要把李千金赶走。李千金此时也稳住了心神,极力辩护,说她和裴少俊的结合是天赐良缘。裴尚书就提出要求,既然是天赐良缘,问天买卦,将玉簪磨做了针儿一般细,不折了,便是天赐姻缘;若折了,便归家去也。又取来一个银壶瓶,用蛛丝系了,到井里汲水,不断了,便是夫妻;若断了,便归家去。这分明是故意刁难,结果当然是瓶坠簪折,软弱的裴少俊被父亲逼着写下了休书,李千金痛哭着离开了裴府。裴少俊也埋怨父亲,但是他没有来送李千金,李千金舍不得孩子,更埋怨裴少俊的绝情:

【折桂令】果然人生最苦是离别,方信道花发风筛,月满云遮。谁更敢倒凤颠鸾,撩蜂剔蝎,打草惊蛇?坏了咱墙头上传情简帖,拆开咱柳阴中莺燕蜂蝶。儿也咨嗟,女又拦截,既瓶坠簪折,咱义断恩绝!

【鸳鸯煞】休把似残花败柳冤仇结,我与你生男长女填还彻。指望则生同衾,死则共穴。唱道题柱胸襟,当垆的志节,也是前世前缘,今生今业。少俊呵,与你干驾了会香车,把这个没气性的文君送了也!(杂剧《墙头马上》第三折节选)

后来裴少俊一举状元及第,升作洛阳县尹,他刚上任就赶快去找李千金,希望重做夫妻。此时的李千金父母已经亡故,独自在家过活,对裴家的怨气未消,看到裴少俊来,就对着他好一顿讥讽:

【迎仙客】你封为三品官,列着八椒图,你父亲告致仕,却离了京兆府。吏部里注定迁移,户部里革罢了俸禄。枉教他遥授着尚书,则好教管着那普天下姻缘簿。

【斗鹌鹑】一个是八烈周公,一个是三移孟母。我本是好人家孩儿,不是娼人家妇女,也是行下春风望夏雨。待要做眷属,枉坏了少俊前程,辱没了你裴家上祖!(杂剧《墙头马上》第四折节选)

裴尚书知道了李千金是李世杰的女儿，当初两家也曾有过结为亲家的想法，就带着夫人和孙子前去向她赔礼道歉，希望她认亲重聚。李千金坚决不肯，即使裴尚书捧酒谢罪，她还是斩钉截铁："你休了我，我断然不肯。"只是后来看到啼哭的一双儿女，才不禁心软下来，与裴家重归于好。

戏谑判词

"双渐赶苏卿"是宋元时期流传很广的故事，元代曲家对这个故事也津津乐道，很多人写过吟咏双渐和苏卿爱情的杂剧或散曲作品。书生双渐与妓女苏小卿相恋，浓情蜜意，难舍难分，双渐上汴京应试时，两人约好双渐考中后回来娶苏卿。后来，双渐没回来，苏小卿却被江西茶商冯魁用重金强行买走。她随冯魁的贩茶船南下，经过镇江金山寺，趁冯魁喝醉酒时在金山寺壁上题了一首诗。后来双渐考取功名，南下路过金山寺，见壁上题诗，便一路追赶，夺回了苏小卿，二人结为夫妻。关汉卿也曾有曲歌咏二人之事：

【双调·大德歌】

绿杨堤，画船儿，正撞着一帆风赶上水。冯魁吃的醉醺醺；怎想着金山寺壁上诗？醒来不见多姝丽，冷清清空载月明归。

文人的歌咏也如关汉卿一般，向来都对双渐和苏卿给予同情，支持他们的结合。

不过，在奇思妙想的元代文人王晔、朱士凯的笔下，却让所有与双渐、苏卿事件有关联的人在公堂上接受拷问，让父母官来断决公道。元代曲家王晔本身就是一个"体丰肥而善滑稽的人"，巧合的是，历史上真有双渐其人，且也是一个滑稽之人。双渐做县令时，某个盛夏，下乡去办事，为躲避暑热便走入一座寺庙。庙里的主持和尚已经喝得半醉，悠悠晃晃凑到双渐面前说："长官可否与小僧同饮三杯？"双渐看他这副无赖样子，厌恶地叫他躲开。和尚仍然不依不饶，双渐十分恼怒，命令下属把和尚拘押起来。傍晚暑气渐退，双渐休息过后，下属呈上拘押和尚的案卷。双渐提笔写下判词："谈何容易，邀下官同饮三杯；礼尚往来，请上坐独吃八棒。"和尚挨了几板子便被放了。双渐万万不会想到，两、三百年后，时空穿越，竟然也有人要为他写滑稽的判词。

【双调·庆东原】

风月所举问汝阳记

(黄肇退状)于飞燕,并蒂莲,有心也待成姻眷。吃不过双生强嗬,当不过冯魁斗谝,甘不过苏氏胡揙。且交割丽春园,免打入悲天院。

【折桂令】(问苏卿)俏排场惯战曾经,自古惺惺,爱惜惺惺。燕友莺朋,花阴柳影,海誓山盟。哪一个坚心志诚?哪一个薄倖杂情?则问苏卿,是爱冯魁,是爱双生?

【折桂令】(苏卿答)平生恨落风尘,虚度年华,减尽精神。月枕云窗,锦衾绣褥,柳户花门。一个将百十引江茶问肯,一个将数十联诗句求亲。心事纷纭:待嫁了茶商,怕误了诗人。

【殿前欢】(再问)小苏卿:言词道得不实诚,江茶诗句相兼并。那件著情,休胡芦提二面应,相傒倖。端的接谁红定?休教勘问,便索招承。

【殿前欢】(再答)满怀冤,被冯魁掩扑了丽春园,江茶万引谁情愿?听妾明言。多情小解元,休埋怨。俺违不过亲娘面。一时间不是,误走上茶船。

【水仙子】(驳苏卿)明明的退佃丽春园,暗暗的开除了双解元。惨可可说下神仙愿,却原来都是谝。再谁听甜句儿留连。同他行坐,和他过遣,怎做的误走上茶船。

【水仙子】(苏卿招)书生俊俏却无钱,茶客村虔倒有缘。孔方兄教得俺心窑变,胡芦提过遣,如今是走上茶船。拜辞了呆黄肇,上覆那双解元,休怪俺不赴临川。

【折桂令】(问冯魁)冯魁嗏你自寻思:这样娇姿。效了琴瑟,不用红娘;则留红定,便系红丝。量你呵有甚风流浪子,怎消得多情俊俏婇儿?供吐实词,说了缘由,辨个妍媸。

【水仙子】(冯魁答)黄金铸就劈闲刀,茶引糊成划怪锹。庐山凤髓三千号,陪酥油尽力搅。双通叔你自才学,我揣与娘通行钞。掂了咱传世宝,看谁能够凤友鸾交。

【折桂令】(问双渐)小苏卿窑变了心肠,改抹了姻缘,倒换排场。强拆鸳鸯,轻分莺燕,失配鸾凰。实丕丕兜笼富商,虚飘飘蹬脱了才郎。你试思量,不害相思,也受凄凉。

【水仙子】(双渐答)阳台云雨暂教晴,金斗风波且慢行。小苏卿是接了冯魁定,俏书生便噤声。没来由闲战闲争,非干是咱薄倖。既然是他浅情,我著甚干害心疼。

【折桂令】(问黄肇)丽春园黄肇姨夫,人道你聪明,我道你胡突。苏氏掂倈,双生搠淹,你刬地妆孤。怕不你身上知心可腹,争知他根前似水如鱼。休强支吾,这样恩情,便好开除?

【水仙子】(黄肇答)风流双渐惯轮锄,澜浪苏卿能跳塔。小机关背地里商量下,把俺做皮灯笼看待咱,从来道水性难拿。从他赸过,由他演撒,终只是个路柳墙花。

【折桂令】(问苏妈妈)苏婆婆常只是熬煎,临逼得孩儿,一谜地胡揙。使会虚脾,著些甜唾,引起顽涎。用力的从教气喘,著昏的一任头旋。只为贪钱,将个婵娟,卖上茶船。

【水仙子】(苏妈妈答)有钱问甚纸糊锹,没钞由他古锭刀。是谁俊俏谁村拗,俺老人家不性索。冯员外将响钞递著,双生咷休干闹。黄肇嗏且莫焦,价高的俺便成交。

【水仙子】(议拟)双生好去觅前程,黄肇休来恋寡情,冯魁统镘刚婚聘。老虔婆指证的明,小苏卿既已招承。风月所成文案,莺花寨拟罪名,丽春园依例施行。

这里面黄肇是丽春园的主人,判词里说他糊涂,没有看出来双渐与苏卿的关系太过亲密,应该把他们的感情扼杀在摇篮里,就免去了后面这些麻烦事儿了。判词中对苏卿并不同情,严厉拷问,说她明明是自己背叛了双渐,主动走上冯魁的船。苏卿在逼问下承认与冯魁有缘,是自己主动跟随了冯魁。最后判决:冯魁虽然不及双渐风流俊俏,但是他为苏卿赎身交了重金,所以苏卿应与冯魁完婚。

借马

说到吝啬,大家立刻会想到西方文学作品中四大守财奴的形象:《守财奴》中的葛朗台、《威尼斯商人》中的夏洛克、《悭吝人》中的阿巴贡以及《死魂灵》里的泼留希金。如果我们关注一下元曲作家马致远笔下的这位小心眼儿又有点懦弱的爱马人,一定也会会心一笑,印象深刻。

【般涉调·耍孩儿】

借　马

近来时买得匹蒲梢骑，气命儿般看承爱惜。逐宵上草料数十番，喂饲得膘息胖肥。但有些秽污却早忙刷洗，微有些辛勤便下骑。有那等无知辈，出言要借，对面难推。

【七煞】懒设设牵下槽，意迟迟背后随，气忿忿懒把鞍来鞴。我沉吟了半晌语不语，不晓事颓人知不知？他又不是不精细，道不得他人弓莫挽，他人马休骑。

最近买了匹名贵的马，我小心翼翼伺候它，看得比我的性命还要金贵。这个不开眼的家伙，偏偏跑来要借马，心里一万个不愿意，可也不好意思不借给他。牵着马缰绳，先不能交给他，我要好好嘱咐他几句：

【六】不骑呵西棚下凉处拴，骑时节拣地皮平处骑。将青青嫩草频频的喂。歇时节肚带松松放，怕坐的困尻包儿款款移。勤觑着鞍和辔，牢踏着宝镫，前口儿休提。

【五】饥时节喂些草，渴时节饮些水，着皮肤休使粗毡屈。三山骨休使鞭来打，砖瓦上休教隐着蹄。有口话你明明的记：饱时休走，饮了休驰。

【四】抛粪时教干处抛，绰尿时教净处尿，拴时节拣个牢固桩橛上系。路途上休要踏砖块，过水处不教溅起泥。这马知人义，似云长赤兔，如益德乌骓。

【三】有汗时休去檐下拴，渲时休教侵着颓。软煮料草铡底细。上坡时款把身来耸，下坡时休教走得疾。休道人忒寒碎，休教鞭飐着马眼，休教鞭擦损毛衣。

马儿呀，我也悄悄跟你说两句，我也舍不得你，暂时委屈你了。我会在家等着你，如盼星星盼月亮一般盼你回来：

【二】不借时恶了弟兄，不借时反了面皮。马儿行嘱咐叮咛记：鞍心马户将伊打，刷子去刀莫作疑。则叹的一声长吁气，哀哀怨怨，切切悲悲。

【一】早晨间借与他，日平西盼望你，倚门专等来家内。柔肠寸寸因他断，侧耳频频听你嘶。道一声“好去”，早两泪双垂。

马缰绳还是要交到这个不识相的家伙手里，我张了张嘴，有些话没好意思说出来，刚才我告诉他的话不知他记没记住。

【尾】没道理没道理，忒下的忒下的。恰才说来的话君专记，一口气不违借与了你。

高祖还乡

据史书记载，汉高祖刘邦，字季，出生于战国时期楚国沛县丰邑中阳里的一个农户家里。他生来就相貌非凡：高鼻梁、美须髯，左腿上还有七十二颗黑痣。年少时的刘邦为人豪爽豁达，却不喜欢读书，也不喜欢农事，成年后在沛县做了泗水亭长。吕公与沛县县令相熟，某年为躲避仇家移居沛县。沛县的士绅豪杰听说县令家来了贵客都来祝贺。萧何负责收礼，对来祝贺的人说：“贺礼不满千钱的，都坐在堂下。”刘邦当时已是泗水亭长，见多识广，对县衙里的一些小吏并不放在眼里。他不带分文，到了门口却高呼：“贺钱万”，吕公听了赶忙起身到门口去迎接他，当看到刘邦面相时，他对刘邦肃然起敬，并邀请他到堂上坐上座。萧何在一旁提醒说：“刘季一向喜欢夸海口，其实没成就过什么大事。”刘邦和吕公都不以为然。客人散去之后，吕公专门留下刘邦，对他说：“我给很多人相过面，没有人能比得上你刘邦的面相尊贵，希望你自重自爱。我有个女儿，我愿意把她许配给你做妻子。”吕夫人本来想把女儿许配给县令的儿子，听到丈夫的安排很是恼火，但吕公还是坚持把女儿嫁给了刘邦。吕公的女儿吕雉后来就做了吕后，生了刘盈，也就是后来的汉惠帝。有一次，刘邦押送一些民工去骊山服劳役。一路上民工陆续逃亡，他估计没到目的地就跑光了，于是他给剩下的民工解开绳子，对他们说：你们都快逃吧，我也不干了！有十几个人不知道往哪里逃便跟着刘邦上山做了土匪。等到陈胜吴广起义时，刘邦的百十号人马也下山响应。此后刘邦凭着他的豁达、知人善任终于成就了汉朝的天下。

汉十一年，刘邦平定黥布叛乱后回师长安，路过沛县。虽然已贵为天子，但他仍然保持了一贯的豪爽，邀集故人一起饮酒，并从沛县召集了一百二十名童子,在宴席上教他们唱歌。酒酣之时他也自己击筑,吟唱了一曲《大风歌》:“大风起兮云飞扬,威加海内兮归故乡。安得猛士兮守四方!”并要童子们与他一起合唱。歌里有天下尽在我掌握之下的豪情,也有高处不胜寒的苍凉。刘邦还乘兴跳起舞来,跳着跳着突然很伤感,还禁不住流下了几行热泪。他对沛县的父老说:“游子在外总会思恋故乡。我虽定都关中,但我死后,魂魄也会思恋沛县的。况且,我从做沛公之日起,诛杀暴逆,终于得了天下,我愿以沛县作为我的汤沐邑,免去此地百姓的赋税,让这里的百姓世世代代不必服任何徭役。”此后他再也没有回去过。

时光荏苒,历史的车轮已经穿梭了很多个朝代。在元代的扬州,某天,几位文人聚在一起时有人出了个主意,每人以《高祖还乡》为题作一套曲子来比赛。汉高祖刘邦的事迹,史书中的记载历历在目,他当年衣锦还乡的细节也记载的非常清楚。大家作的曲子无非围绕着英雄的豪迈与感慨来写,只有睢景臣一反常规思维,用一个乡间小民的眼光写高祖还乡的气派场面,新奇、诙谐,大家看了无不叹服。

【般涉调·哨遍】

高祖还乡

社长排门告示,但有的差使无推故。这差使不寻俗,一壁厢纳草除根,一边又要差夫,索应付。又言是车驾,都说是銮舆,今日还乡故。王乡老执定瓦台盘,赵忙郎抱着酒胡芦。新刷来的头巾,恰糨来的绸衫,畅好是妆幺大户。

【耍孩儿】瞎王留引定火乔男女,胡踢蹬吹笛擂鼓。见一飐人马到庄门,匹头里几面旗舒:一面旗白胡阑套住个迎霜兔,一面旗红曲连打着个毕月乌,一面旗鸡学舞,一面旗狗生双翅,一面旗蛇缠胡芦。

【五煞】红漆了叉,银铮了斧,甜瓜苦瓜黄金镀。明晃晃马蹬枪尖上挑,白雪雪鹅毛扇上铺。这几个乔人物,拿着些不曾见的器仗,穿着些大作怪衣服。

【四】辕条上都是马,套顶上不见驴,黄罗伞柄天生曲。车前八个天曹判,车后若干递送夫。更几个多娇女,一般穿着,一样妆梳。

【三】那大汉下的车,众人施礼数,那大汉觑得人如无物。众乡老展脚舒腰拜,那大汉挪身着手扶。猛可里抬头觑,觑多时认得,险气破我胸脯。

【二】你须身姓刘，您妻须姓吕，把你两家儿根脚从头数：你本身做亭长耽几盏酒，你丈人教村学读几卷书。曾在俺庄东住，也曾与我喂牛切草，拽坝扶锄。

【一】春采了桑，冬借了俺粟，零支了米麦无重数。换田契强秤了麻三秤，还酒债偷量了豆几斛。有甚胡突处？明标着册历，见放着文书。

【尾】少我的钱，差发内旋拨还；欠我的粟，税粮中私准除。只道刘三，谁肯把你揪捽住？白甚么改了姓更了名唤做汉高祖！

郑振铎评道："《高祖还乡》，确是奇作。……他使刘邦荣归故乡的故事，从一个村庄人眼里和心底说出。村庄人心直嘴快，直把这个故使威风的大皇帝，弄得啼笑皆非。这虽是游戏之作，却嬉笑怒骂，皆成文章了。"（《中国俗文学史》下册）

牛诉冤

元曲家常常会给我们惊喜，散曲中居然也有童话。曾瑞的《羊诉冤》、刘时中的《马诉冤》，姚守中笔下的牛也要诉冤：

【中吕·粉蝶儿】

牛诉冤

性鲁心愚，住烟村饱谙农务。丑则丑堪画堪图，杏花村，桃林野，春风几度。疏林外红日西晡，载吹笛牧童归去。

【醉春风】绿野喜春耕，一犁江上雨。力田扶耙受驱驰，因为主甘分受苦，苦、苦。经了些横雨斜风，酷寒盛暑，暮烟晓雾。

我们牛是农民的好帮手，更是牧童的好伙伴，很多牧童与我们朝夕相伴，相知很深，我知道他喜欢吹笛，他知道我好角力。宋代时，四川有个杜处士喜好收藏书画，家中珍藏的书画有几百轴，其中有一幅是著名画家戴嵩画的牛，这是他最喜爱的藏品。他用锦缎缝制了画套，又装饰了玉做的画轴，经常随身带着。有一天，他把藏品拿出来摊开晒太阳，有个牧童看见了戴嵩画的牛，拍手大笑着说："这张画画的是斗牛吗？斗牛的力气全用在角上，尾巴会紧紧地夹在两腿中间。可是，这幅画上的牛却是摇着尾巴在斗，错了！错了！"杜处士看看，也笑了，觉得他说得很有道理。

【红绣鞋】牧放在芳草岸白蘋古渡，嬉游于绿杨堤红蓼平湖，画工描我在远山图。助田单英勇阵，驾老子蓦山居，古今人吟未足。

别看我们牛不太说话，可是在中国历史上也有很多辉煌的故事。战国时，田单用千余头火牛，帮助齐国收复了失地。当时田单聚集了上千头我们的牛兄弟，牛角缚利刃，尾扎浸油芦苇，披五彩龙纹外衣，在某个夜间，他下令点燃了牛尾上芦苇。我们牛当然觉得尾巴被烧得非常痛，但是我们都很英勇，从预先挖好的通道冲进城内，5000 精壮勇士紧随于后。燕军看见火光中无数角上有刀、身后冒火的怪物直冲而来，惊惶失措。跟在我们身后的士兵乘势冲杀，燕军只能没命地逃跑。后来，田单率军乘胜追击，齐国民众也持械助战，很快将燕军逐出国境，失地 70 余城尽数收复。据说，老子当年也是被一位青牛兄弟驮着出了函谷关，进入今天的甘肃等地修身传道，最后在甘肃省临洮县“飞升”。

【石榴花】朝耕暮垦费工夫，辛苦为谁乎？一朝染患倒在官衢，见一个宰辅，借问农夫，气喘因何故？听说罢感叹长吁，那官人劝课还朝去，题着咱名字奏鸾舆。

【斗鹌鹑】他道我润国于民，受千辛万苦。每日向堰口拖船，渡头拽车。一勇性天生胆气粗，从来不怕虎。为伍的是伴哥王留，受用的是村歌社鼓。

【上小楼】感谢中书部，符行移诸处。所在官司，禁治严明，遍下乡都。里正行，社长行，叮咛省谕：宰耕牛的捕获申路。

我们耕牛平时劳动辛苦，汉代宰相邴吉就很重视我们，认为关心我们就是关心国家大事。邴吉那天外出，路上遇到群体斗殴事件，死伤的人都横躺在路上，邴吉经过时却不闻不问。邴吉再往前走，遇到有人追赶我们一位牛兄弟，牛气喘得厉害。邴吉便停下车子，查问情况。大家都很奇怪，觉得丞相不问死伤人的事情，却关心牛喘气的事，太不合适了。邴吉却说：“老百姓争斗，相互杀伤，这是长安令、京兆尹的职责，宰相不需要亲自处理这些小事。而现在正当春天，天气还不是很热，牛没走多远就喘息异常，这意味着气候不合节令，我担心将会影

响到全国百姓的农业生产和收成。”原来我们牛喘气确实关系重大，大家都很佩服邴吉。

有一天我也病倒在了路边，气喘吁吁，幸运的是也遇到一位宰辅大人，他上报朝廷，要好好嘉奖我们这些亲苦了多年的功臣，还明令禁止宰杀耕牛。可谁知道上有政策，下有对策。我们还是被悄悄地送上了断头台。

【幺】食我者肌肤未肥，卖我者家私不富。若是老病残疾，卒中身亡，不堪耕锄。告本官，送本都，从公发付，闪得我丑尸不着坟墓。

【满庭芳】衔冤负屈，春工办足，却待闲居。圈门前见两个人来觑，多应是将我窥图。一个曾受戒南庄上的忻都，一个是累经断北灅王屠。好教我心惊虑，若是将咱卖与，一命在须臾。

【十二月】心中畏惧，意下踌躇。莫不待将我衅钟？不忍其觳觫。那思想耕牛为主，他则是嗜利而图，被这厮添钱买我离桑枢，不睹是牵咱过前途。一声频叹气长吁，两眼恓惶泪如珠。凶徒！凶徒！贪财性狠毒，绑我在将军柱。

【耍孩儿】只见他手持刀器将咱觑，唬得我战扑速魂归地府。登时间满地血模糊，碎分张骨肉皮肤。尖刀儿割下薄刀儿切，官秤称来私秤上估。应捕人在傍边觑，张弹压先抬了膊项，李弓兵强要了胸脯。

杀我的刽子手也看到了我眼里的无奈和恐惧，可是他们没有半点怜悯，也绝不

手软。我一声长叹之后,就已经变得血肉模糊。有人把我的肉买回家,变着花样做成了桌上的美食:

【二】却不道闻其声不忍食其肉,划地加料物宽锅中烂煮。煮得美甘甘香喷喷软如酥,把从前的主雇招呼。他则道三分为本十分利,那里问一失人身万劫无。有一等贪餔啜的乔人物,就本店随机儿索唤,买归家取意儿庖厨。

【三】或是包馒头待上宾,或是裹馄饨请伴侣。向磁罐中软火儿葱椒鸩,胜如黄犬能医冷,赛过胡羊善补虚。添几盏椒花露,你装的肚皮饱旺,我的性命何辜。

我老牛死得无辜,我的魂灵也不得安息,飘飘摇摇在曾经欢乐工作过的地方。我死得冤屈,我是人类的帮手、朋友,为什么今天落到这副田地,我一定要到阎王爷那里辩个是非曲直:

【四】我本是时苗留下犊,田单用过牯。勤耕苦战功无补,他比那图财害命情尤重,我比那展草垂韁义有余。我是一个值钱底物:有我时田园开辟,无我时仓廪空虚。

【五】泥牛能报春,石牛能致雨。耕牛运土遭诛戮,从今后草坡边野鹿无朋友,麦垅上山羊失了伴侣。那的是我伤情处,再不见柳梢残月,再不见古木昏乌。

【六】筋儿铺了弓,皮儿鞔做鼓。骨头儿卖与钗环铺,黑角儿做就乌犀带,花蹄儿开成玳瑁梳。无一件抛残物,好材儿卖与了靴匠,碎皮儿回与田夫。

【尾】我元阳寿未终,死得真个屈苦。告你个阎罗王正直无私曲,诉不尽平生受过苦。

元朝的官吏们对待老百姓就如牧牛,鞭打、压榨、利用。所以,牛才会迷茫,才要诉冤。

讥刺批判

历代都有优伶以滑稽戏讽刺现实或委婉进谏。春秋时，孙叔敖为楚相，年老逝世后，其妻与子困苦过活。孙叔敖临死前，曾经对他的儿子说，如果今后生活困顿就去告诉优孟。优孟得知他们的情况后，便穿戴起孙叔敖的衣帽，模仿孙叔敖的音容笑貌，向楚庄王敬酒。优孟扮演的孙叔敖惟妙惟肖，庄王都误以为孙叔敖复活，想要再拜他为相。优孟乘机说："我要回去问问我的妻子儿子，愿不愿意做楚相。孙叔敖生前为官清廉，尽心竭力为大王效命，可他死之后他的儿子只能靠打柴来养活母亲，可见楚相当不得呀！"楚庄王听了这番话，顿感惭愧，当即封寝丘之地给孙叔敖的儿子。这就是"优孟衣冠"的故事。

魏晋唐宋以来优伶进谏的例子也很多。秦桧与宋徽宗、宋钦宗都被金人俘获，后来秦桧被放了回来，在南宋朝廷中做了宰相，积极主张与金人和谈，不再想恢复中原、救回二帝。一天秦桧府中设宴，命优伶演习助兴。一位伶人扮作官员，另一位拿着荷叶交椅，跟在后面。一番谐谑打诨之后，官员准备坐到椅子上去，忽然头巾掉了，露出发髻，用双叠的大巾帼包着。仆从问："此何幞？"答曰："双胜幞。"仆从便用木棍打官员的头，说："你只要好好坐在你的太师椅上，享受赏赐，此环抛到脑后就可以了。"这是优伶在用谐音讽刺秦桧，二圣南还的事情已经抛之脑后了，众人听了皆大惊失色。秦桧自然大怒，第二天就把伶人投进了大牢，有人后来还被杀了头。

元代也有女演员为了进谏而死的，名叫史骡儿。史骡儿善弹琵琶，很受元英宗的宠幸。英宗饮酒无度，喝酒之后往往任意发号施令，但是没有人敢去进谏，劝他改过。一日，英宗又在紫檀殿饮酒，命史骡儿弹琵琶唱歌。史骡儿便唱了一曲《殿前欢》，其中有一句唱到"酒神仙"，英宗听了很不高兴。他已有些醉意，任酒使气，命令左右把史骡儿拖出去杀了。不久，英宗酒醒了，问史骡儿在哪里，左右说已经杀了，英宗后悔不迭，才悟到："骡儿是以酒讽我也。"

元曲通俗、本色有别于诗、词，因此在讥讽现实方面不尚委婉，多是逞夸张、谐谑之能事，辛辣而痛快。

关中大旱

农民种地，都希望有个好收成，这就要靠老天爷的风调雨顺。当城里的孩子盼着天气晴朗可以去郊外游玩的时候，蹲在地头上满脸愁苦的农夫盼望的却是天降甘霖：

【正宫·黑漆弩】

农夫渴雨　　冯子振

年年牛背扶犁住，近日最懊恼杀农父。稻苗肥恰待抽花，渴煞青天雷雨。【幺】恨残霞不近人情，截断玉虹南去。望人间三尺甘霖，看一片闲云起处。

傍晚时分，霞光满天，温馨亮丽，农夫们却恨它阻断了雨水；看看天边那一小片闲云，幻想着它能带来人间甘霖。该下雨的时候不下，农夫懊恼，可是雨水太多了，老百姓也遭殃：

大　雨

城中黑潦，村中黄潦，人都道天瓢翻了。出门溅我一身泥，这污秽如何可扫？东家壁倒，西家壁倒，窥见室家之好。问天公还有几时晴，天也道："阴晴难保"。

历史上有记载的大旱不少，元代天历二年，即公元1329年，就出现了关中大旱。田里没有了收成，老百姓的生存都受到了威胁，有些地方居然上演了人吃人的惨剧。束手无策的朝廷启用了张养浩来赈灾。

张养浩，字希孟，小时候就有拾金不昧的义举，喜欢读书，后来被举荐到御史台做官，因敢于直言进谏而闻名朝廷。某年元宵节，英宗要命人在宫廷内搭一座灯山，张养浩立刻上奏疏给左丞相拜住，拜住拿了他的奏疏呈给了皇帝。奏疏写道："世祖在位三十年，每到元宵节，都禁止在大街小巷中挂灯，更何况宫廷之中，房屋多又密集，更要小心防范。如今要搭灯山，小小的享乐却隐患重大，希望从长远考虑，以享乐为戒。"英宗看完奏疏，大发雷霆。恼怒过后再看着短短的奏疏，着实句句有礼，高兴地感慨说："除了张希孟，再没有人敢上这样的奏疏了。"

不仅停止了灯山的工程，而且还奖励了张养浩。皇帝喜怒无常，权臣对朝廷的把持让张养浩无法施展才能，他也看清了官场的奸诈与黑暗主动辞官归家了。他告诫那些贪图富贵的人，富贵就是个陷阱：

【中吕·红绣鞋】

警世

才上马齐声儿喝道，只这的便是送了人的根苗，直引到深坑里恰心焦。祸来也何处躲？天怒也怎生饶？把旧来时威风不见了。

朝廷后来曾经多次征召，他都力辞不就。天历二年，他被任命为陕西行台中丞，专门负责赈灾，这一次他没有推辞。接到任命之后，他把家中所有的钱财都分散给了家乡贫苦的百姓，然后登车上路，马不停蹄地向关中赶去。路上遇到饥饿的人群他就分给吃的，遇到已经饿死的就好好地埋葬。救济的人越多、埋葬的人越多，他的心也越来越沉痛，大好的河山怎么有这么多人在遭受灾难呢？在到达潼关时，他写下了那首最著名的《潼关怀古》：

【中吕·山坡羊】

峰峦如聚，波涛如怒，山河表里潼关路。望西都，意踌躇，伤心秦汉经行处，宫阙万间都做了土。兴，百姓苦；亡，百姓苦。

虽是怀古却实际是对眼前难民的怜悯。张养浩想到现在陕西的百姓最需要的就是雨水，他路过华山时，就赶快到西岳庙去求雨，哭拜在地上都爬不起来，这时，天空忽然阴云密布，一连下了两天雨。等到张养浩到了官府，又到土地庙里去求雨，结果大雨如注，下了三尺深才停下来，庄稼由此长起来了，陕西的民众沐浴在甘霖里欢呼雀跃。张养浩的喜悦之情不亚于这些民众，但他更担心流民们今后的生活：

【南吕·一枝花】

咏喜雨

用尽我为民为国心，祈下些值玉值金雨。数年空盼望，一旦遂沾濡。唤省焦枯，喜万象春如故，恨流民尚在途。留不住都弃业抛家，当不的也离乡背土。

【梁州】恨不的把野草翻腾做菽粟，澄河沙都变化做金珠。直使千门万户家豪富，我也不枉了受天禄。眼觑着灾伤教我没是处，只落的雪满头颅。

【尾声】青天多谢相扶助，赤子从今罢叹吁。只愿的三日霖霪不停住，便下当街上似五湖，都淹了九衢，犹自洗不尽从前受过的苦。

因为大旱庄稼颗粒不收，米价暴涨，一斗米要卖十三贯钱，老百姓拿着钱出去买米，钱上的花纹稍有点斑驳不清就不要，而拿到官府去调换，那些刁钻之徒营私舞弊，十贯旧钱只能换五贯新钱，老百姓日子非常艰难。于是张养浩把府库中所有可用的钱全部发给穷人，命令米商凭铜钱上的印记把米卖给老百姓。他又号召富人家出卖粮食，向朝廷上奏章请求实行纳粮补官的法令。老百姓总算可以勉强渡过眼前的难关了，很多逃难在外的人也都回到了自己家中，陕西的灾民无论老少都知道他们应该感激一个人。而张养浩在乎的并不是名利：

【中吕·喜春来】 三首

亲登华岳悲哀雨，自舍资财拯救民，满城都道好官人。还自哂，比颜御史费精神。

路逢饿殍须亲问，道遇流民必细询，满城都道好官人。还自哂，只落的白发满头新。

十年不作南柯梦，一旦还为西土臣，空教人道好官人。不自哂，未戮乱朝臣。

张养浩不是用雨水、用粮食在救灾，而是用自己的心在救灾。他知道他只能解决老百姓一时的困难，很多事情他也很无奈。在到任的四个月当中，他没有回过家，就住在官府里，白天赈灾，晚上就向上天祈祷，每每想到很多事情自己无能为力，就不由得捶胸顿足，痛哭流涕。终于他耗尽了心力，没多久便病倒去世了。陕西的老百姓，为他的离去失声痛哭，如丧父母。

两位伯颜

元代历史上有三位伯颜，都很有名，两位与散曲有关的伯颜，一个留下了清名，一个却留的是恶名。

蒙古八邻氏部伯颜，生长在西域，至元初年奉使入朝，受到忽必烈赏识。至元十一年，即1274年，忽必烈命他统兵伐宋，拜为中书左丞相。当时江南流行一句歌谣："江南若破，百颜来过。"不知是何喻意，等到灭了南宋，大家才知道百颜指的就是丞相伯颜。伯颜打仗既有谋略又极为果断，统领二十万军队伐宋如统一人，诸将领对他言听计从、奉若神明。灭宋还朝，行李装备仍只有衣被而已。世祖命令百官到京郊迎接、慰劳伯颜凯旋，平章阿合马先于百官到达。伯颜解下身上所佩戴的玉钩绦送给他，说："南宋的宝玉是很多，但我一毫未取。只有这玉钩绦跟随我多年，希望不要嫌弃这礼物太轻。"阿合马以为他在说谎，小看了自己，于是在世祖面前诬陷伯颜，说伯颜平南宋时私藏了一个玉桃盏。世祖也很疑惑，派人调查也没找到真凭实据，事情便不了了之。阿合马死后，有人从他的家中找到了他所说的玉桃盏，世祖恍然大悟："这个阿合马几乎害死了我的忠良之臣呀！"伯颜灭了南宋，使得南北统一，为元朝立下汗马功劳，但是却不居功自傲。元世祖要封赏他，他却说："这是陛下的成算，我何功之有。"伯颜也很有文采，能诗能曲。

张弘范，字仲畴，也能写诗作歌，是元朝著名的军事家，人称张九元帅，他跟随伯颜在灭宋的战争中也建立了功勋。张弘范是元初汉人世侯张柔的第九子，张柔与史天泽、严实等人齐名，他们为保定、真定、平阳等地的百姓在战争中保全了一方领土，使很多人免于流离失所，也使这些地方同大都一样，成为元代前期戏曲创作、演出的中心。张柔，字德刚，河北定兴人，是元朝历史初期中原地方武装中有名的军阀头目之一。元太祖八年，即1213年，蒙古军南下进攻中原，为避其锋芒，金代朝廷随即南迁，从中都（今北京）迁到汴梁（今开封）。不愿意迁徙的老百姓随即成立义军以自保，张柔正是这时以地方豪强的身份，聚集乡邻亲族几千余家结寨自保，金代朝廷于是任命他为定兴令。后来又升迁至中都留守兼知大兴事。元太祖十三年，即1218年，他在狼牙岭一带与蒙古军对战中，兵败被俘，归降了蒙古统治者。当时蒙元政府对各地归降的官僚、军阀等仍让他们担任旧职。在此期间，张柔扩张势力，占领了以保州（今河北保定）为中心的三十多座城市，后被提升为万户，兼管军民，成为独据一方的汉军首领之一。

张弘范也是满腹才华，受到元统治者的赏识，至元六年，即1269年，宋元军队之间正在进行襄阳的争夺战。负责围困襄阳的元朝军队大部分是平叛后改编的，骄悍无比难以管束，元朝政府急于物色一个又懂军事又有威信的人来统帅这支队伍，朝廷中有人提到了张弘范，忽必烈觉得他确实是个不错的人选，于是任命张弘范为益都、淄莱等路行军万户。他到任后，先是受命驻守鹿门堡，后来他向主帅伯颜建议，要想攻克襄阳，必须在万山筑城，才能彻底截断来自东、西两面援助襄阳的粮草。伯颜很高兴地采纳了这个建议，并派张弘范负责筑城。万山城建好后，某天张弘范带着将士在东门外练习骑射，宋朝军队突然杀来。手下将士认为敌众我寡，纷纷建议撤回城内自守，张弘范却说："吾与诸君在此何事，敌至将不战乎？敢言退者死！"结果张弘范以少胜多，打了一个漂亮的大胜仗。这也让他更加踌躇满志，对于接下来的战役信心十足。他还写了一首曲子表达当时的心情：

【双调·殿前欢】

襄阳战

鬼门关，朝中宰相五更寒。锦衣绣袄兵十万，枝剑摇环，定输赢此阵间。无辞惮，舍性命争功汗。将军战敌，宰相清闲。

至元八年，即1271年，张弘范在襄阳、樊城之间构筑了"一字城"，逐步缩小了对襄阳的包围圈，进一步切断襄阳的外援。次年，他又带伤攻下樊城。襄阳成为孤城，不久守襄阳的主帅吕文焕便举白旗投降了。打了六年的襄樊战役，终于胜利结束，这是宋元之间的一场关键性的战役。襄阳被元军攻克后，南宋的门户洞开，溃败已成定局。

南宋覆灭，伯颜、张弘范二人归来，同席饮庆功酒，各作《喜春来》曲一首。伯颜曰：

【中吕·喜春来】

金鱼玉带罗襕扣，皂盖朱幡列五侯，山河判断在俺笔尖头。得意秋，分破帝王忧。

张弘范曰：

【中吕·喜春来】

金妆宝剑藏龙口，玉带红绒挂虎头，旌旗影里骤骅骝。得志秋，名满凤凰楼。

二人都是将帅之才，曲中虽各言其志，但都抒发了忠心耿耿的襟怀与踌躇满志的豪情，这在元曲中十分罕见。

蒙古蔑儿乞部伯颜，比八邻氏部伯颜生活的时代要晚，因为拥元惠宗，受到重用，又不断排除异己，以至于在朝堂上一手遮天。中书平章彻里帖木儿提议废止科举，汉族朝臣坚决反对争之，结果因伯颜支持，科举没有实行几年就又被废止了。伯颜还因为广东、河南等地有人起兵反元，就要求禁止汉人、南人掌握兵器，并收缴了他们的马匹，甚至禁止农家使用铁禾叉，以防止造反。他还要求禁止汉人、南人学习蒙古、色目文字，提出中央、地方的各级官吏都要用蒙古、色目人。这些诏令都出自伯颜。他还荒唐地提出杀张、王、刘、李、赵五姓汉人，后来因为元惠宗不同意才作罢。至元四年，即1338年，剡王彻彻都来朝见惠宗，伯颜趁机为儿子向剡王女儿求婚，遭到拒绝，心里埋下了对剡王的不满。他也忌惮剡王位尊望重，后来就指使他人诬告剡王谋反，把剡王投进了大牢，一直查无实据，伯颜竟不等皇帝的诏令，擅自将剡王处决。山东宪吏曹明善当时正在京城，听说这件事后，作《岷江绿》二首讽之，写在一张大纸上贴在五门之上，其曲曰：

【双调·清江引】 二首

长门柳丝千万缕，总是伤心处。行人折柔条，燕子衔芳絮。都不由、凤城春做主。

长门柳丝千万结，风起花如雪。离别重离别，攀折复攀折。苦无多、旧时枝叶。

《岷江绿》又名《清江引》，俗曰《江儿水》。伯颜知道后大怒，命令手下暗中访察，不久便查出是曹明善所为，全国到处张贴他的肖像进行缉捕。曹明善早有防备，悄悄躲到了苏州的一座寺庙中。伯颜权势被压制后，曹明善才得以重回京城。钟嗣成《录鬼簿》评价曹明善此举：

【双调·凌波仙】

吊曹明善

公曹路吏任衢州，夺去文章第一筹，神京独赋《长门柳》。士林中、逞俊流,万人内、占了鳌头。风连月,花伴酒,肥马轻裘。

伯颜气焰嚣张,“诸卫精兵收为己用,府库钞帛听其出纳”,权威凌驾于惠宗之上,以致“天下之人唯知有伯颜而已”。《辍耕录》中记载,伯颜的官衔多达二百六十四个字,而那些阿谀奉承他的人,还希望给他加上更多的荣耀。有人提出“凡省官提调军马者必佩虎符,今太师伯颜难与它人同,宜赐龙凤牌以宠异之。”皇上准许,于是为他专门造了一面龙凤牌。牌身上的“元德上辅功臣”几个字也是用白玉嵌造而成,上面装饰了红刺鸦忽宝石,价值白银数万锭。后来伯颜被贬黜,牌子被毁掉,把上面镶嵌的珠宝又物归原主,原来造牌子时这些东西都是赊来的。伯颜的侄子、御史大夫脱脱恐怕将来祸及己身,至元六年,即1340年二月,与顺帝心腹世杰班筹合谋,乘伯颜到柳林去打猎之机,将其官职降为河南行省左丞相。三月,惠宗又下诏将伯颜降为南恩州达鲁花赤。伯颜最后在前往广东途中病死。有滑稽者在他曾途经的某个驿舍墙上题诗云:“百千万锭犹嫌少,垛积金银北斗边。可惜太师无运智,不将些子到黄泉。”有无名氏的小令一首,也是讥刺伯颜这样的贪夫:

【商调·梧叶儿】

贪

一夜千条计,百年万世心,火院有海来深。头枕着连城玉,脚踏着遍地金。有一日死来临,问贪公那一件儿替得您?

杨妃病齿图

俗话说:“牙疼不是病,疼起来真要命”。有位古人曾为牙痛写过一首诗:“齿落竟何悲,不落亦何喜;但愿不肿痛,叫号动邻里。”唐明皇的宠妃杨玉环就曾患过牙疼,她为什么会牙疼,还要从荔枝说起。杜牧有《过华清宫绝句》诗云:“长安回望绣成堆,山顶千门次第开。一骑红尘妃子笑,无人知是荔枝来。”李时珍在《本草纲目》中说:“鲜者食多,即龈肿口痛,或衄血。病齿及火病人尤忌之。”贵妃杨玉环特别喜欢吃荔枝,所以明皇为其从几千里以外的海南运新鲜荔枝来长安,不知经过了多少驿站,累死了多少匹马,就为了博美人一笑。可荔枝吃多了也不行,杨贵妃便害了牙疼,唐明皇在一旁看得既着急,又心疼。西子捧心、贵妃病齿，美人即使皱着眉头也是美的，所以有好事者就画了一幅《杨妃病齿图》。元代很多文人就此画写过题跋，元代理学家、“草庐先生”吴澄所作的《题杨妃病齿图》诗曰：“齿痛自颦眉，君王亦不怡。此疾如早割，何待马嵬时？”毕竟是理学家，不解风情，爱妃齿痛，君王怎能弃之不顾？张可久也为《太真病齿图》写过散曲：

【双调·折桂令】

沉香亭嚼徵含商，舞挫霓裳，病倚香囊。粉褪残妆，腮攀腻玉，饮怯凉浆。贬李白因他口伤，闹渔阳为我唇亡。今夜凄凉，懒扣红牙，憔悴三郎。

曲子写出了杨贵妃的哀婉、无奈的心声，作者已没有多少亡国的痛楚，更多的是对美人的怜惜。最可称赏的是冯海粟题《杨妃病齿图》，爽快之极，曲曰：

佚　调

华清宫，一齿痛；马嵬坡，一身痛；渔阳鼙鼓动地来，天下痛。

《辍耕录》中还辑录了另外两篇同样爽快的题跋：刘须溪《题苏李泣别图》：“事已矣，泣何为？苏武节，李陵诗，噫！”陈绎曾《题杨妃上马娇图》：“此索《清平调》词，赴沉香亭时？抑闻渔阳鼙鼓声，赴马嵬坡时邪？上马固相似，情状大不同，观者当审诸！”陶宗仪评曰：“三先生之跋语，痛快严峻，抑扬感伤，使后世之为人君而荒于色，为人臣而失其节者见之，宁不知惧乎！”

自称书生

桑哥，畏吾儿人，通晓多国语言，又精通经济、财务方面的事情，元世祖忽必烈非常赏识他。至元二十四年，即1287年，复置尚书省，桑哥任平章政事。十一月，升任右丞相。审核之前中书省的财务状况，亏空很多，就此处理了很多官员，籍没官员家产无数。桑哥又设置征理司，专门负责稽查、审核各级官署的仓库，增加了各级税额，搞得官吏、百姓怨声载道。元世祖忽必烈又下令，各级官员的选拔、升迁、贬黜前的考核工作也都要通过桑哥主管的尚书省，自此桑哥把刑罚、爵位等都当作货物来贩卖，求官的人都登门拜访，络绎不绝，用高价就可以买到想要的官职，出高价也可以免刑罚，只要出钱，什么都可以买卖，朝廷纲纪大坏，人心惊骇。至元二十八年春，桑哥被弹劾，下狱处死。

桑哥当国擅权之时，同僚有张左丞、董参政，两人平时无所建树，临到皇帝征询意见时，二公都以书生自称，并不像其他人自称“臣下”，并且凡事都要举出很多不利因素，认为这也不可、那也不可，无论什么事情往往都投反对票。桑哥的很多提议往往遭到他们的阻拦，对他们很是反感，总想找个借口把他们赶出朝堂，可是张、董二公言行谨慎，一时难以抓到把柄。元代官衙门前设有信箱，告状者要把诉状投放到箱内，然后衙门再开庭审理。桑哥暗地命人写了一份诉状投了进去。到中午的时候，有人把所有的状子都收集起来上缴。官员们坐在一起，听秘书一份一份的读，然后按类分拣。当读到这份诉状时，既无告状人姓名，也没有犯罪事实，只是一首曲子：

【双调·拨不断】

老书生、小书生，二书生坏了中枢省。不言不语张左丞，铺眉搧眼董参政，也待学魏征一般俸请（读作捧倩）。

张左丞、董参政都点名道姓了，桑哥假装不懂这首曲的意思，让秘书读了一遍又一遍。张、董二公又拿出了平时不慌不忙的神态，不知秘书念到第几遍的时候，张左丞站起身来，说了一句“大家飞上梧桐树，自有傍人话短长”，意思是桑哥你和我们一样有被人说三道四的地方，大家彼此彼此。这句话虽然有点粗俗，但难得他这样随机应变，大家听了哈哈大笑，这件事也就作罢了。

奸佞专权

元代至正年间，官吏贪污成风，负责监察的官员也是监守自盗，官场一片狼藉。元代官员出行都有鸣金敲鼓来迎送，廉访司官用二声鼓一声锣，而起解强盗等犯人则用一声鼓一声锣。民间就有人作诗讥嘲此事，曰：“解贼一金并一鼓，迎官两鼓一声锣。金鼓看来都一样，官人与贼不争多。”小偷偷东西还有所顾忌，不敢白天出来，晚上悄悄行动，然而贪官污吏却是光天化日之下，明目张胆劫掠民财，而且压榨老百姓的手段狠毒，有人写曲来讽刺：

【南吕·四块玉】

酷　吏

官况甜，公途险，虎豹重关整威严。仇多恩少人皆厌。业贯盈，横祸添。无处闪。

元代曾经流行过一首《醉太平》小令，不知何人所作，从京师一直到江南，人人都会唱。如同过去的民间歌谣一样，这首小令短短几句却能切中时弊，自有其流行的道理。

【正宫·醉太平】

讥奸佞专权

堂堂大元，奸佞专权。开河变钞祸根源，惹红巾万千。官法滥刑法重黎民怨，人吃人，钞买钞何曾见？贼做官官做贼混愚贤。哀哉可怜！

这首曲子中所讲事件的主角就是脱脱和贾鲁。贾鲁任山北廉访副史期间，就曾针对黄河经常决堤、沿岸千里的老百姓都深受其害等状况，多次领导治理黄河。至正四年，即1344年，黄河再次决堤，今河南、山东、安徽、江苏等交界地区成为千里泽国，朝廷不得不开始重视黄河的治理。丞相脱脱召集大臣研究治河方略，贾鲁主张疏塞并举，被脱脱采纳。公元1351年，贾鲁被任命为工部尚书、总治河防使，征发民工15万，军士2万，兴役治河。据史书载贾鲁敏达干练，亲自领导治理工程，经过了几个月的奋战，治河大功告成。但是黄河的治理也带来了负面影响，朝廷下拨的工程款，常常被官吏们克扣，民工们怨声一片。韩山童等人趁机挑动民心，暗地里凿了一个一只眼的石人，并在其背后刻上："石人一只眼，挑动黄河天下反"，然后埋在将要开凿的河道下。有民工发掘出石人之后大家颇为惊讶，认为是上天给了他们谋反的暗示。韩山童又趁机散布谣言，说他是宋徽宗的第九代子孙，在颍上（今属安徽）发动起义，不久被俘身亡。他的儿子韩林儿被迎立为帝，称小明王，国号大宋。这就是元代著名的红巾军起义，但由于政权建设混乱，韩林儿后来被朱元璋挟持，1366年被沉入江中，大宋政权就此彻底灭亡。

治理黄河、开挖河道中的弊端成为了红巾军起义的导火索，但不能否定贾鲁的功绩。山西高平县长平驿是贾鲁的故居，庭院中有古松十余株，朱元璋平定山西的时候，把这座宅子收归官府。官府因其壮丽不忍毁弃，就做了驿站。曾有人在壁上题诗云："贾鲁修黄河，恩多怨亦多。百年千载后，恩在怨消磨。"可见当时因为工程浩大，涉及的民工较多，所以招致民怨深重，但是后世对他亦有公论。顺帝授予其荣禄大夫、集贤大学士。并命翰林学士欧阳玄撰《河平碑》，文中评价贾鲁的功绩曰："鲁能竭其心思智计之巧，乘其精神胆气之壮，不惜卒，不畏讥评"、"鲁习知河事，故其功之所就如此"，清人徐乾曾说："古之善言河者，莫如汉之贾让，元之贾鲁。"胡渭也曾言："贾鲁巧慧绝伦，奏功神速，前古所未有。"贾鲁因此被载入史册，以贾鲁命名的河流至今还在流淌。

脱脱，伯颜的从子，当时伯颜为中书右丞相，权倾朝野，甚至私自贬黜宣让、威顺二王，"势焰熏灼，天下之人惟知有其而已"，元顺帝对此十分忌惮。脱脱恐受其累，于是与顺帝密谋剪除伯颜。至正十年，即1350年，脱脱被任命为中书右丞相，他纠正伯颜弊政，又发行新钞票"至正交钞"，任命贾鲁治理黄河，成绩斐然，顺帝嘉奖其功，赐世袭"答剌罕"（意思是"自在"）之号。皇帝眼里的"贤相"，老百姓并不买账。脱脱丞相当朝之时，曾有神童来拜谒。只有几岁的神童很会作诗，脱脱令作《赋檐》诗，随口成一绝句："分得两头轻与重，世间何事不担当"，这是讽刺脱脱的专权。发行新钞给老百姓带来的也是灾难。元代主要使用纸币，最初元世祖忽必烈中统元年，即1260年，发行"中统元宝交钞"，到世祖至元二十四年，即公元1287年，又发行"至元通行宝钞"，与"中统钞"并行，但"至元钞"一贯当"中统钞"五贯，实际是货币贬值。到元顺帝至正十年，即公元1350年，又发行了"至正交钞"，实际上是用原"中统钞"背面加盖"至正印造元宝交钞"字样，老百姓可以用"至元钞"两贯换"至正钞"一贯，这就是"钞买钞"，货币进一步贬值，"行之未久，物价腾踊，价逾十倍"。纸币的贬值，使通货膨胀越发严重，物价飞涨，民不聊生。

元代官场

张可久有一首小令《刺世》：

【正宫·醉太平】

人皆嫌命窘，谁不见钱亲？水晶环入面糊盆，才沾粘便滚。文章糊了盛钱囤，门庭改做迷魂阵，清廉贬入睡馄饨，胡芦提倒稳。

这首曲子讽刺世人见钱眼开，连读书、做文章也只是为了升官发财，一旦做官便贪赃枉法，不顾百姓死活。元代宫天庭的杂剧《生死交范张鸡黍》对这种现象揭示得更为彻底。《后汉书·范式列传》记载，东汉时期，山阳金乡的范式与汝南的张劭同游京城太学，成为很好的朋友，在离别京城返回家乡的时候，范式说："两年后我还会回京城，到时候绕道你的家乡，去拜访你的父母"，二人约定两年后的九月十五日范式到张劭家拜访。转眼约期已到。张劭杀鸡煮黍准备待客，父母笑着说："山阳离这里几千里地，范式何必绕道来这里呢？" 张劭却很肯定地说，范式一定会来。话没说完，范式果然信守承诺，登门拜访。二人把酒言欢，尽兴而别。杂剧在演绎范张故事的同时，安排了范式在赴"鸡黍会"的途中巧遇前去上任的王仲略的情节。范式对王仲略说：

【天下乐】你道是文章好立身，我道今人都为名利引，怪不着赤紧的翰林院那伙老子每钱上紧。(王仲略云)怎见得他钱上紧？(正末云)有钱的无才学。有才学的却无钱。有钱的将着金帛干谒那官人每，暗暗的衙门中分付了，到举场中各自去省试殿试，岂论那文才高低？(唱)他歪吟的儿句诗，胡诌下一道文，都是些要人钱谄佞臣。(杂剧《范张鸡黍》第一折节选)

范式又对王仲略说："贤弟，想当今这样的时事，要想求仕进太难。"王仲略问："为什么会难？"范式又说："不管什么职位，只要是官职，就都被这大官人家的子弟给占去了。有权有势的人家，已经把三座衙门，把持的水泻不通。"王仲略更好奇了："哪三座衙门？"范式唱道：

【那吒令】国子监里助教的，尚书是他故人；秘书监里著作的，参政是他丈人；翰林院应举的，是左丞相的舍人，则《春秋》不知怎的发，《周礼》不知如何论，制诏诰是怎的行文。(杂剧《范张鸡黍》第一折节选)

王仲略本是倚仗做官的岳父而得官的，恰恰是范式说到的不学无术之人中的一员。王仲略说："春秋这的是庄家种田之事。春种夏锄，秋收冬藏，咱秀才每管他做甚么？"范式告诉他，是读书的《春秋》。他又说："小生不曾读《春秋》，敢是《西厢记》。"说到《周礼》，王仲略说："这的是所行衙门事自下而上的勾当。县里不理州里去理，州里不理府上去理，俺秀才每管他怎么？"范式告诉他，是周公制作之书。王仲略又说："小生也不曾读这本书，不省得。" 说到诏诰如何行文，王仲略来了精神："那《春秋》、《周礼》我是确实不知道，不过这件事我却做得滑熟，知道那告状的有原告,有被告。"范式看他这样回答,真是哭笑不得。翰林院的人并不管什么文章之事,只管受贿,这正是"文章糊了盛钱囤"。如王仲略一般靠权势得官的人则是样样不懂,正事不管,也只是要把钱搜刮到怀里。这就是元代官场的现实。

卖官鬻爵,历朝都有,元代却改成了强行卖与。至正年间,朝廷派兵部员外郎刘谦到江南去招募民众"入粟补官",就是给朝廷交粮食来买官,朝廷给出的官职从五品到九品都有,并非以往专茶盐务场等有利可图的实缺,但要求交出的粮食数量却相当多。所以,虽然功名诱人,愿意买的却寥寥无几。刘谦到了松江县,情况仍是如此。但知府崔思诚却刻意讨好,不问民间是否有粮,把县里的大户人家都聚集起来,强制他们必须买够十二个名额。众人苦苦哀求,崔思诚却丝毫不顾,最后硬是用严刑拷打逼迫他们买下了一个空头封号。而刘谦到达平江路时,那里的镇守长官却极力阻拦,结果一个名额也没卖出去。崔思诚听说之后,也感到非常羞愧,看来也不是"清廉贬入睡馄饨,胡芦提倒稳"。

张士诚

至正十三年,即 1353 年,因不愿再忍受盐官的欺压,张士诚与其弟士义、士德、士信及李伯升等十八人率盐民起兵反元,史称"十八条扁担起义"。次年正月,张士诚在高邮称诚王,建国号大周,年号天佑。此后他的势力一路向南,不断扩张。至正二十三年,张士诚派吕珍进攻安丰(今安徽寿县),逼走刘福通和韩林儿,又在平江(今苏州)自立为吴王,但是之后张士诚的势力并没有继续扩大,而是陷入了与朱元璋势力的不断交战,朱元璋以"先取通泰诸郡县,剪士诚肘翼,然后专取浙西"(《明太祖实录》卷十八)的方式一步步削弱张士诚,并且于 1366 年开始进攻张士诚,并于 1367 年包围张士诚所居的平江。平江城被攻破后,张士诚被俘,押解至金陵(今南京),自缢而死。

张士诚政权当年占据了富饶的浙西,便不惜重金养士。倪瓒、杨维桢等人当年都曾受到张士诚的邀请,均无果。不过当时凡贪图富贵之人,都争相趋附张士诚政权,无论有才无才,个个都有官做,拿着丰厚的俸禄。有人便作了一首小曲讥刺这些寄生虫:

皂罗辫儿系扎梢,头戴方檐帽。穿领阔袖衫,坐个四人轿。又是张吴王米虫儿来到了。

果然，元兵攻破姑苏城，张士诚就擒，他的妻子刘氏领着姬妾在齐云楼上自焚而死，而那些寄生虫们，都做了缩头乌龟，无一人慷慨赴死。

张士诚建立的伪吴政权，管理混乱，他任命弟弟张士信为丞相，把很多权力都交给了他。士信沉溺酒色，既不知人，更不善任，任用黄敬夫、蔡彦文、叶德新三人为参军在身边谋事。三人皆是迂阔书生，根本没有什么深谋远虑。所以市井间流传着讥讽他们的十七字歌谣：

丞相做事业，专用黄菜叶。一夜西风来，乾鳖。

因为黄敬夫三人曾参与张士诚政权的机密要事，也搜刮了不少民脂民膏，所以洪武丁未春，明朝军队下江南，三人皆被俘，之后被挖了肠子吊起来，直至枯死。

张士诚的另一个弟弟张士德，也是个酒色之徒。他为了自己的享乐，强夺老百姓的土地，大肆修建园林。园林中又无日不宴，无日不歌舞。张士德的宴席还少不了一个人，张明善。张明善，元曲作家，最擅长谐谑，那些讥讽人的诙谐话语，听了总能令人绝倒。他尝作《水仙子》讥讽一些官僚、权贵：

【双调·水仙子】

讥　时

铺眉苫眼早三公，裸袖揎拳享万钟。胡言乱语成时用，大纲来，都是烘。说英雄，谁是英雄？五眼鸡，岐山鸣凤。两头蛇，南阳卧龙，三脚猫，清水飞熊。

低着眼皮、闲事不管的人做了高官，吃吃喝喝、猜拳行令的人，享受着厚禄；不学无术之人，胡言乱语，却被重用。哪里有什么英雄！五眼鸡、两头蛇、三脚猫这些怪物，摇身一变却成了诸葛亮、姜子牙，受到重用。据说这首曲子到明代还在流传。明朝正德年间，宦官刘瑾专权，他引诱武宗沉溺于享乐，荒废朝政，自己则利用权势，肆意贪污。刘瑾还造了一种大枷，有一百五十斤重，很多被他迫害的大臣戴上这种枷后，没几天便被拖累致死。吴献臣因为弹劾刘瑾，被枷耗于午门前长达一月之久，后来总算捡回一条命。刘瑾被诛之后，吴献臣又出来做官，官至都御史，巡抚南直隶。他虽然长得短小黑瘦，有人觉得像山猴，但是为官却清廉严正，没有人敢有所冒犯。吴献臣博览群书，某天到孔庙烧完香，讲完课之后，他问学生，知道不知道五眼鸡、三脚猫的故事。学生们面面相觑，没人回答。他微微一笑，心里默念着张明善的曲子，并不介意学生知道不知道，因为他知道那个五眼鸡、三脚猫的怪物已经被杀了。

还要说到张明善的讥诮本领。一日，大雪纷飞，张士德仍旧大摆宴席，也少不了歌舞助兴。士德喝得高兴，也想学学风雅之士，赏雪赋诗，可张了半天嘴，也没想出一句词儿来。只好邀请旁边的张明善即兴作一首。张明善提笔写道：

【双调·落梅风】

咏 雪

漫天坠，扑地飞，白占许多田地。冻杀吴民都是你，难道是国家祥瑞！

士德虽不通文墨，但这几句浅显的歌词他还是看得懂，心里也知道明善这是有所指，总觉有些愧疚，可也不好发作，只好重新坐下喝酒。

嘲西席

元曲作家看到了前代文人所没有看到的众生百态，元曲也前所未有的展现、讥刺着各种世俗的丑陋。元代读书人感到了前所未有的悲哀，读书、识字，甚至满腹学问却仍然时时感到穷途末路，甚至面临读书无用这样的悲愤窘境：

【中吕·朝天子】 二首

志 感

不读书有权，不识字有钱，不晓事倒有人夸荐。老天只恁忒心偏，贤和愚无分辨。折挫英雄，消磨良善，越聪明越运蹇！志高如鲁连，德过如闵骞，依本分只落的人轻贱。

不读书最高，不识字最好，不晓事倒有人夸俏。老天不肯辨清浊，好和歹没条道。善的人欺，贫的人笑，读书人都累倒。立身则小学，修身则大学，智和能都不及鸭青钞。

很多人已经看清了现实，放低了身段或放弃了功名，混迹于市井间，寻得了短暂

的逍遥、自在。但也有人参不透,穷困潦倒,仍然不愿放弃读书人的身份:

【中吕·朝天子】

嘲人穿破靴

两腮,绽开,底破帮儿坏。几番修补费钱财,还不彻王皮债。不敢大步阔行,只得徐行短迈,怕的是狼牙石龟背阶。上台基左歪右歪,又不敢着楦排,只好倒吊起朝阳晒。

脚上的靴子已经破得不能再破,以前补过靴子的钱,现如今还欠着。穿着这样的靴子,只能小步往前挪,害怕一不小心就被石子硌破了脚。可怜的"读书人",宁肯亦步亦趋,也不愿放弃这个破败的身份。

因为元代社会并不重视读书人,所以连老师也并不受尊重。古人除了尊称老师为"夫子"、"先生"外,也尊称"西席"或"西宾"。这与汉明帝刘庄有关。据记载,汉明帝当太子时就拜桓荣为老师,他登上皇位后,对桓荣仍然十分尊敬。他常常到桓荣的太常府内,请桓荣坐向东的座位,并亲自替桓荣摆好几案,自己则手拿经书听桓荣讲解经文。汉代室内的座次是以靠西而坐,即面向东方为最尊。"西席"就是"坐西面东"的座次,汉明帝这样安排座位是表达对老师的尊敬,后人因此就把老师都尊称为"西席"。但是元代读书人并没有像其他时代那样受人尊敬,所以"西席"也成了被嘲弄的对象。有钱人家请老师到家里来教孩子读书,虽然还称"西席",但是学生调皮、不尊重他,就连家长的态度也很敷衍:

【中吕·普天乐】

嘲西席

讲诗书,习功课。爷娘行孝顺,兄弟行谦和。为臣要尽忠,与朋友休言过。养性终朝端然坐,免教人笑俺风魔。先生道学生琢磨,学生道先生絮聒,馆东道不识字由他。

无独有偶,有位叫周易痴的西席就遭遇学生不学,父母也不重视的状况。周先生是位耿直、负责的老师,觉得既然你们都愿意听我讲课,却又不重视我的作用,把我当了摆设,那么我也没有必要再混下去,于是写了一篇《白日圜文》,开头说到:"听之不闻、视之不见,子以我为隐乎?用之则行,舍之则藏,吾亦从此逝矣。”然后飘然而去。

纨绔子弟们生活优越，养成了好逸恶劳、百无一用的公子哥习气，纸醉金迷的生活消磨了他们的青春和才能，终有一天也会坐吃山空，耗尽他们的家产，最终他们沦落为沿街托钵的乞丐。这样的下场，不知道有没有想到当年西席的教诲：

【正宫·醉太平】

叹子弟

寻葫芦锯瓢，拾砖瓦攒窑。暖堂院翻做乞儿学，做一个莲花落训道。戴一顶十花九裂遮尘帽，穿一领千补百衲藏形袄，系一条七断八续勒身绦。这的是子弟每下梢！

莲花落易学，桃李子难教。张打油啰啰连和得着，学不成打爻。牵着个狗儿当街叫，提着个爽儿沿街调，拿着个鱼儿绕街敲。这的是子弟每下梢！

盗亦有道，即使是乞丐也要有谋生的本领，原先饭来张口、衣来伸手的日子没有了，只能靠本事吃饭了。莲花落本是和尚出来化缘时所唱的宣传佛教教义的警世歌曲，后来乞丐也唱着莲花落来乞讨，唱词大半是需要乞丐根据不同的讨要对象当场编凑，或乞怜，或颂祷。

夺泥燕口

很多人都知道《儒林外史》中临死还伸着两根指头的严监生，他是想要告诉家人，灯芯不能用两根，太费油。很多人感慨严监生是吝啬人当中的极品，不过，大家不知道在元曲作家笔下极品贪财吝啬的人还有很多，他们不仅懂得节流，还懂得如何开源。

元佚名小令《讥贪小利者》云：

【正宫·醉太平】

夺泥燕口，削铁针头，刮金佛面细搜求，何处觅有。蚊子腹内刳脂油，鹭鸶脚上劈精肉，亏老先生下手！

这首小曲中的老先生，应该来自于《三言二拍》记录的宋元时期流行的故事《宋四公大闹禁魂张》。家住东京开封府的张员外,名叫张富,用祖上积下的财产开了一间当铺。张员外有个毛病:贪小利,要去“虱子背上抽筋,鹭鸶腿上割股,古佛脸上剥金,黑豆皮上刮漆,痰唾留着点灯,捋松将来炒菜。”他平日发下四条大愿:“一愿衣裳不破,二愿吃食不消,三愿拾得物事,四愿夜梦鬼交”。大家看他平时一文钱都不舍得花,给他起了个外号,叫“禁魂张员外”。张员外若是还能在地上捡到一文钱,那便是若获至宝,拿在手里抹来抹去,抹得锃亮,还要叫一声“我儿”,再亲上一口,才小心翼翼地存放起来。一天中午,张员外到屋里去吃他的午餐,白开水泡冷饭。他家门前来了一个拿着笊篱的乞丐,主管看员外不在门前,就拿了两文钱放在了笊篱里。张员外恰好在帘子后面看见了,急忙跑出来,冲主管嚷嚷:“你干什么要给他两文钱,一天两文,一千天就是两贯。”他在想象中已经失了两贯钱。他一边嚷一边跑上去,夺过叫花子的笊篱,把里面的钱都倒在了自己的钱堆里,还叫手下打了叫花子一顿。路过的宋四公看不过去,给了些钱打发了叫花子,当晚张员外的万贯家私就被劫走了。后来又被宋四公逼得上吊而死。贪财又吝啬的人终归没有好下场,大家看了这个故事,也只留下一声叹息。

元代还有佚名小曲《嘲贪汉》:

【商调·梧叶儿】

一粒米针穿着吃,一文钱剪截充,但开口昧神灵。看儿女如衔泥燕,爱钱财似竞血蝇。无明夜攒金银,都做充饥画饼。

古代称这样的吝啬之人为“看钱奴”,元曲家钱霖也遇到了这样的人。钱霖,博学,工文章,不为世用,于是做了道士,更名抱素,号素庵。起初在松江东郭建了两个斋室,曰“封云”、“可月”。晚年住在嘉兴,筑室于鸳湖之上,名曰“藏六窝”,自号泰窝道人。钱霖的某位晚辈亲戚,很善于经营,积累了万贯家私,但为人鄙俗、吝啬,曾经在钱霖面前骄横跋扈,炫耀自己的财富。钱霖非常痛恨,就写了一首曲子讥讽他:

【般涉调·哨遍】

试把贤愚穷究,看钱奴自古呼铜臭。徇已苦贪求,待不教泉货周流。忍包羞油铛插手,血海舒拳,肯落他人后?晓夜寻思机彀,缘情钩距,巧取旁搜。蝇头场上苦驱驰,马足尘中厮追逐。积攒下无厌就,舍死忘生，出乖弄丑。

【耍孩儿】安贫知足神明佑，好聚敛多招悔尤。王戎遗下旧牙筹，夜连明计算无休。不思日月搬乌兔，只与儿孙作马牛。添消瘦，不调祻鼎，忞逞戈矛。

……

【六】恨不得扬子江变做酒，枣穰金积到斗，为几文赙背钱受了些旁人咒。一斗粟与亲眷分了颜面，二斤麻把相知结下寃仇。真纰缪。一味的骄而且吝，甚的是乐以忘忧。

【五】这财曾燃了董卓脐，曾枭了元载头，聚而不散遭殃咎。怕不是堆金积玉连城富，眨眼早野草闲花满地愁。干生受，生财有道，受用无由。

……

他警示这位富人，吝啬、贪婪之人的嘴脸，大家都很厌恶，自古贪婪的人都没有好下场，历史上董卓、元载就是很好的例子。

钱霖所说的“看钱奴”，就是守财奴，舍不得吃，舍不得穿，到头来攒下的钱都成了别人的，等同于奴仆替别人看守了一辈子钱财。元代戏曲作家郑廷玉的《看钱奴买冤家债主》也讲述了一个看钱奴的故事。贫民贾仁本来以挑土筑墙为生，偶然挖到周荣祖家藏在墙下的祖产而一夜暴富，周荣祖夫妇则因此落魄，生活无着落。贾仁虽有了万贯家财，却无儿无女，就请教书先生陈德甫替他买一个儿子。走投无路的周荣祖夫妇无奈只好卖掉儿子长寿，恰好就被贾仁买了回去。二十年后，长寿长大成人，贾仁的财产越聚越多，但是吝啬成性，拥有“鸦飞不过的田产”，却因为一根油指头被狗舔了，而一病不起，临死前把养子叫到床前，二人有一段对话，把他守财奴的形象展现得淋漓尽致：

(贾仁云)你不知我这病是一口气上得的。我那一日想烧鸭儿吃，我走到街上，那一个店里正烧鸭子，油渌渌的。我推买那鸭子，着实的挝了一把，恰好五个指头挝的全全的。我来到家，我说盛饭来我吃，一碗饭我咂一个指头，四碗饭咂了四个指头。我一会瞌睡上来，就在这板凳上，不想睡着了，被个狗舔了我这一个指头，我着了一口气，就成了这个病，罢、罢、罢！我往常间一文不使，半文不用。我今病重，左右是个死人了，我可也破一破悭，使些钱。我儿，我想豆腐吃哩。(小末云)可买几百钱？(贾仁云)买一个钱的豆腐。(小末云)一个钱只买得半块豆腐，把与那个吃？兴儿，你买一贯钞罢。(贾仁云)只买十文钱的豆腐。(兴儿云)他则有五文钱的豆腐，记下账，明日讨还罢。(贾仁云)我儿，你则依着我。(小末云)便依着父亲，只买十文钱的来。(贾仁云)我儿，恰才见你把十文钱都与那卖豆腐的了？(小末云)他还欠着我五文哩，改日再讨。(贾仁云)寄着五文，你可问他姓甚么？左邻是谁？右邻是谁？(小末云)父亲，你要问他邻舍怎的？(贾仁云)他假使搬的走了，我这五文钱问谁讨？(小末云)直是这等。父亲，你孩儿趁父亲在日，画一轴喜神，着子孙后代供养着。(贾仁云)我儿也，画喜神时不要画前面，则画背身儿。(小末云)父亲，你说的差了，画前面才是，可怎么画背身的？(贾仁云)你那里知道，画匠开光明，又要喜钱。(小末云)父亲，你也忒算计了。(贾仁云)我儿，我这病觑天远，入地近，多分是死的人了。我儿，你可怎么发送我？(小末云)若父亲有些好歹呵，你孩儿买一个好杉木棺材与父亲。(贾仁云)我的儿，不要买，杉木价高，我左右是死的人，晓的甚么杉木、柳木！我后门头不有那一个喂马槽，尽好发送了！(小末云)那喂马槽短，你偌大一个身子，装不下。(贾仁云)哦，槽可短，要我这身子短，可也容易。使斧子来把我这身子拦腰剁做两段，折叠着，可不装下也！我儿也，我嘱咐你，那时节不要咱家的斧子，借别人家的斧子剁。(小末云)父亲，俺家里有斧子，可怎么问人家借？(贾仁云)你哪里知道，我的骨头硬，若使我家斧子剁卷了刃，又得几文钱钢！(小末云)直是这等。父亲，你孩儿要上庙与父亲烧香去，与我些钱钞。(贾仁云)我儿，你不去烧香罢了。(小末云)孩儿许下香愿多时了，怎好不去？(贾仁云)哦，你许下愿来，这等，与你一贯钞去。(小末云)少。(贾仁云)两贯。(小末云)少。(贾仁云)罢、罢、罢，与你三贯，可忒多了。我儿，这一桩事要紧，我死之后休忘记讨还那五文钱的豆腐。

贾仁最终气绝而死。周荣祖夫妇乞讨至东岳庙中，遇到长寿，经陈德甫说明实情，一家人又得以重聚。贾仁二十年前无意中得到的财产又原封不动的归还给了周家，而自己只是替别人做了二十年的看钱奴。

炼　丹

中国古人有很多求取长生不老药的传说，秦始皇当年派徐福带着三千童男童女到蓬莱岛上去找寻不死的神药，可想而知，那些人最终都葬身鱼腹。后来，道家又发明了为追求“长生”而炼制丹药的炼丹术。丹即指丹砂或称硫化汞，是硫与汞（水银）的无机化合物，因呈红色，也叫朱砂。东晋的葛洪是道教的炼丹大师，他发现：“凡草木烧之即烬，而丹砂炼之成水银，积变又还成丹砂，其去草木亦远矣，故能令人长生。”炼丹家将丹砂加热后分解出汞，进而又发现汞（水银）与硫化合生成黑色硫化汞，再经加热使其升华，就又恢复到红色硫化汞的原状。现在看来这只是化学反应，但是古人觉得非常神奇。他们又进一步选择其他金石药物来和液体汞，按照一定配方混合之后烧炼，并反复进行还原和氧化反应的实验，从而炼成“九转还丹”或称“九还金丹”。葛洪说：“神丹既成，不但长生，又可作黄金。”也就是用炼好的神丹再来练黄金。为什么要练黄金呢？《周易参同契》中说：“金性不败朽，故为万物宝。术士服食之，寿命得长久。”当然，没有人因为炼丹而得以长生不老，但是炼丹促进了中国古代冶炼、制药等技术的发展。金元以来全真道盛行，全真道属于内丹派，与用鼎炉烧炼的“外丹术”不同，内丹修行就是把人体当作一个丹炉，在体内修炼，通过积聚能量疏通自身经络，可以强身健体，最终目的还是希望修练成仙、长生不老。

唐代以来这种内丹修炼也有同道门武学融合的趋势，称为内家武学。所以金庸笔下，宋元以来王重阳、马钰、邱处机等全真道道长都成了武功高手。当然，实际上元代的全真道注重的是性命双修，邱处机很关心天下大事，利用自己的影响为忽必烈谏言，受到忽必烈的重视。所以在元人眼里，炼丹术已经不时髦了，人人都要内修而不是外炼，难怪这位不合时宜的炼丹人受到了大家的嘲讽：

【正宫·塞鸿秋】

丹客行

朝烧炼暮烧炼朝暮学烧炼，这里串那里串到处都串遍。东家骗西家骗南北都诓遍，惹的妻埋怨子埋怨父母都埋怨。我问你金丹何日成？铅汞何日见？只落的披一片挂一片拖一片。

不管炼丹还是内修，到目前为止，还没有人能够因此长生不死。不过，卢疏斋却有一个妙方。有人拿着《采薇图》求卢挚写题跋，疏斋援笔写道：“服药求长年，孰与孤竹子？一食西山薇，万古犹不死。”

讥刺老鸨

很多妓女都是从小被卖到妓院，由老鸨一边抚养长大，一边进行培训。所以他们都管老鸨叫妈妈。但是这个妈妈是把他们当成了摇钱树，并不顾惜他们的身体和情感，妓女眼中的“妈妈”、“娘”就是狠毒的代名词：

【中吕·满庭芳】

> 杻乖柳青，贪食饿鬼，劫镘妖精。为几文口含钱做死的和人竞，动不动舍命亡生。丽春园里迭配了双生。莺花寨埋伏的硬，但开旗决赢，谁敢共俺娘争。

歌伎王巧儿就遇到了工于算计的妈妈，她差点就被妈妈“向鸣珂巷里幽囚杀”，最终她用自己的决心赢得了幸福。王巧儿与官宦子弟陈云峤来往密切，想嫁给陈云峤。王巧儿的容貌和歌舞在京城里是数一数二的，对于这样的摇钱树，妈妈自然不会放松。于是妈妈悄悄派了另外一名歌伎去游说王巧儿，说：“陈公的妻子，乃是铁太师之女，那是有名的妒悍之妇。你若嫁到他们家，铁氏一定不会容你，你一定遭她凌辱。趁早放弃这个想法吧！”王巧儿心意已决，说：“巧儿只是一个卑贱倡优，蒙陈公眷顾，如果能在他身边侍奉他，虽死而无憾。”妈妈知道她已经没有办法，便又想了一条计策。她把王巧儿骗出来，藏在了一个僻静的住所，又联系了一个富商，想用高价把巧儿卖给富商。王巧儿悄悄找人告诉了陈云峤，并说：“希望陈君赶快想办法，不然，一切都来不及了！”果然，没过几天，妈妈领来了一个富商。王巧儿找各种借口推辞不见，又哭又闹，又说生病了，但是到了晚上，富商又来纠缠，王巧儿使出浑身解数，把富商用长指甲掐的体无完肤，赶出了房间。陈云峤这时候也找了帮手赶来了，要把富商绑到刑部去处置。富商其实也很无辜，并不知道事情原委，想要出钱买平安，陈云峤一笑作罢。陈云峤又找到妈妈给她一大笔钱，为王巧儿赎了身，带着王巧儿回了江南老家。陈云峤死后，王巧儿与正妻铁氏皆能守其家业，受到大家的称赞。

关汉卿杂剧《杜蕊娘智赏金线池》中的杜蕊娘为追求幸福正面抗争妈妈，而妈妈背后却是更残酷的社会现实。元代的女乐人其实都是官伎，每天都要应官身，就是到官府的各种宴会上去献艺，有些甚至还要献身。杜蕊娘也是济南府的官伎，书生韩辅臣去拜访好友济南府尹石好问，石好问招杜蕊娘来陪酒。后来韩辅臣就住在了杜蕊娘家，一住就是半年。韩辅臣与杜蕊娘二人互相爱慕，一个想嫁，一个想娶。可杜蕊娘的妈妈可不愿意放走这棵摇钱树，韩辅臣去求亲遭到了妈妈的拒绝。杜蕊娘决定亲自去跟妈妈理论，去之前他已经做好了心理准备，因为她不仅看清了妈妈的嘴脸，也看清楚了作为官伎的职业现实：

【仙吕·点绛唇】则俺这不义之门，那里有买卖营运？无资本，全凭着五个字迭办金银。无过是"恶、劣、乖、毒、狠"！

【混江龙】无钱的可要亲近，则除是驴生戟瓮生根。佛留下四百八门衣饭，俺占着七十二位凶神。才定脚谢馆接迎新子弟，转回头霸陵谁识旧将军？投奔我的都是那矜爷害娘、冻妻饿子、折屋卖田、提瓦罐爻槌运；那些个慈悲为本，多则是板障为门。

【油葫芦】炕头上主烧埋的显道神，没事哏，茼麻头斜皮脸老魔君。拿着一串数珠，是吓子弟降魔印；轮着一条柱杖，是打鸂鶒无情棍。闲茶房里那一伙老业人，酒杯间有多少闲议论；频频的间阻休熟分，三夜早赶离门。

【天下乐】他只待夜夜留人夜夜新，殷勤，顾甚的恩！不依随又道是我女孩儿不孝顺。今日个溱人头厮摔，含热血厮喷，定夺俺心上人。（杂剧《金线池》第一折节选）

杜蕊娘求妈妈说："母亲，嫁了您孩儿罢，孩儿年纪大了也！"妈妈就答："丫头，拿镊子来，镊掉她鬓边的白发，我还要让她给我赚钱呢！"杜蕊娘还是求情："母亲，你怎么跟孩儿使起性子来了？"妈妈斜了斜眼说到："我老人家如今性子淳善了，若发起村来，怕不筋都敲断你的！"杜蕊娘想起前几天看到外地几个客商在他们家花光了银子，临走只好把随身的东西给妈妈，换几个盘缠。她就直接揭露了妈妈贪婪的面孔：

【金盏儿】你道是性儿淳，我道你意儿村，提起那人情来往佯装钝。你可早耳朵闭、眼睛昏；前门里统镘客，后门里一个使钱勤；揉开汪泪眼，打拍老精神。（杂剧《金线池》第一折节选）

后来韩辅臣被妈妈赶了出去，二十多天也没露面，杜蕊娘以为他另觅新欢，很是生气，不愿再见他。府尹石好问只好设宴金线池，想从中撮合二人，被杜蕊娘拒绝。石好问就拿出府尹的威严，说杜蕊娘失误了官身，要加罪于她。杜蕊娘最后只好答应嫁给韩辅臣。

散曲上书

元仁宗延祐元年到延祐二年，江西等地连续遭受水灾、旱灾的侵袭，灾情严重，江南行台御史高昉以宣抚使的身份被派去救灾。他一去就要求行省长官开仓赈灾，结果遭遇百般推诿。高昉非常生气说："如果朝廷也不允许，我愿意把我的家产拿出来补偿给你们。"行省官员们才勉强同意开仓济民。救灾期间，他还弹劾了贪吏平章政事八失忽都。八失忽都被免职，当地老百姓尤为高兴。江西的一位元曲作家刘时中，也认为高昉是一位好官。延祐三年高昉奉诏还朝时，当地百姓设宴相送，刘时中被选作代表，以散曲的形式上书给他，歌颂他的救灾行为，不过开头当然要说说高昉没有来之前，老百姓的日子多么难过：

【正宫·滚绣球】去年时正插秧，天反常，那里取若时雨降？旱魃生四野灾伤。谷不登，麦不长，因此万民失望，一日日物价高涨。十分料钞加三倒，一斗粗粮折四量。煞是凄凉。

【倘秀才】殷实户欺心不良，停塌户瞒天不当，吞象心肠歹伎俩。谷中添粃屑，米内插粗糠，怎指望他儿孙久长。

遭了灾的老百姓日子本就难过，那些黑心户囤积了粮食，这时候就掺了粃糠来高价卖。老百姓的日子更加苦不堪言：

【滚绣球】甑生尘老弱饥，米如珠少壮荒。有金银那里每典当？尽枵腹高卧斜阳。剥榆树餐，挑野菜尝。吃黄不老胜如熊掌，蕨根粉以代餱粮。鹅肠苦菜连根煮，荻笋芦蒿带叶咗，则留下杞柳株樟。

【倘秀才】或是捶麻柘稠调豆浆，或是煮麦麸稀和细糠，他每早合掌擎拳谢上苍。一个个黄如经纸，一个个瘦似豺狼，填街卧巷。

老百姓没有粮食吃，只好去挑野菜，黄连般苦口的野菜他们也都当成熊掌般的美味在抢着吃。如果每天都能有点野菜、米糠来填肚子，老百姓都会感谢老天爷的。可惜还是有很多人饿得皮包骨头，甚至饿死在街上。

【滚绣球】偷宰了些阔角牛，盗斫了些大叶桑。遭时疫无棺活葬，贱卖了些家业田庄。嫡亲儿共女，等闲参与商。痛分离是何情况！乳哺儿没人要撇入长江。那里取厨中剩饭杯中酒，看了些河里孩儿岸上娘，不由我不哽咽悲伤！

老百姓想尽一切办法来活命，到最后还是不得不卖了房子，又卖儿女。甚至还有亲娘把嗷嗷待哺的婴儿扔进了长江，儿是娘身上掉下的肉，谁愿意抛弃自己的骨肉呀？别说是岸上的娘，就是旁边看的人也会暗自落泪。

【滚绣球】江乡相，有义仓，积年系税户掌。借贷数补答得十分停当，都侵用过将官府行唐。那近日劝粜到江乡，按户口给月粮。富户都用钱买放，无实惠尽是虚桩。充饥画饼诚堪笑，印信凭由却是谎，快活了些社长知房。

地方上本来都准备着救灾的存粮，可是早就被官吏们私自侵吞。官府主持平价卖粮，对老百姓来说只是天方夜谭，因为没有哪个富人愿意帮忙。

【货郎】见饿莩成行街上，乞丐拦门斗抢，便财主每也怀金鹄立待其亡。感谢这监司主张，似汲黯开仓。披星带月热中肠，济与粜亲临发放。见孤孀疾病无皈向，差医煮粥分厢巷。更把赃输钱分例米，多般儿区处的最优长。众饥民共仰，似枯木逢春，萌芽再长。

………

【三煞】这相公爱民忧国无偏党，发政施仁有激昂。恤老怜贫，视民如子，起死回生，扶弱摧强。万万人感恩知德，刻骨铭心，恨不得展草垂缰。覆盆之下，同受太阳光。

挣扎在死亡边缘的老百姓终于盼来了高监司，开仓放粮，沿街赈灾，老百姓恰如枯木逢春，高监司就如那冬日里的暖阳。

【二】天生社稷真卿相，才称朝廷作栋梁。这相公主见宏深，秉心仁恕，治政公平，办事慈祥。可与萧曹比并，伊傅齐肩，周召班行。紫泥宣诏，花衬马蹄忙。

【一】愿得早居玉笋朝班上，伫看金瓯姓字香。入阙朝京，攀龙附凤，和鼎调羹，论道兴邦。受用取貂蝉济楚，衮绣峥嵘，珂珮丁当。普天下万民乐业，都知是前任绣衣郎。

刘时中对高昉的赞扬，也并非完全是谄媚，一方面是因为他确实做了好事，另一方面刘时中也希望高昉继续升官，升官后也可以做更多好事，这也是所有老百姓最朴素的愿望。

离情愁绪

望云思亲

中华民族自古重视孝道，历代都有孝子的故事流传。元代有人汇集前代的孝子故事编成了《二十四孝》，有戏彩娱亲、百里负米、亲尝汤药、卖身葬父等等。《二十四孝》里面讲的都是孝子们为父母做了很具体的事情，比如“恣蚊饱血”的故事，讲晋代的吴猛，年仅八岁，就懂得孝敬父母。家贫，买不起蚊帐，每到夏夜，吴猛就赤身坐在父亲床前，任蚊虫叮咬也不驱赶，担心蚊虫离开自己去叮咬父亲。

唐代著名的政治家狄仁杰，才华卓绝，生性至孝。据记载，狄仁杰由阎立本举荐，授并州都督府参军。当时他的父母还都在河阳，不能在身边侍奉双亲，他回望来时的方向，只见南边的天空中有一片白云形单影只地飘动着，狄仁杰触景生情，睹物思亲，对身边的人说：“那片白云底下面就是我父母居住的地方啊。”他呆呆地站在那里，站了很久，心中满是思念父母的惆怅，直至那片白云飘走，才同友人一起下山。为后人留下了“望云思亲”的佳话。

元代也有一位出名的孝子，叫张思恭，狄仁杰是父母在世时望云而思亲，张思恭则是在父母去世后，仍念念不忘。“树欲静而风不止，子欲养而亲不待”，他的内心有了永远也无法弥补的遗憾。于是以“望云思亲”为题，向文人们征集诗稿。元曲家沈禧为他写了一首五言诗，之后他又请沈禧写一首曲，希望贴在墙上，可以朝夕歌咏，以示不忘父母。沈禧很为他的精神感动，于是作【南吕】歌一阕送给他：

【南吕·一枝花】

题张思恭“望云思亲卷”，时父母已殁矣

人为万物灵，孝乃一身本。贤愚均化育，今古重彝伦。敬祖尊亲，晨昏定省，冬夏问寒温。看古来孝诸贤俊，到如今青史流芳世不湮。

【梁州】且休说唐时仁杰专前美，谁知道晋代张翰有远孙，家居积祖松陵隐。双亲沦殁，一念犹存。既归黄壤，望断白云。我则见卷舒触石生肤寸，我则见变化从龙出厚坤。云来时好着我搅断柔肠，云聚处好着我结愁成阵，云飞时好着我飘散心神。泪痕，满巾。恨无羽翼能飞奋，越思忖越愁闷。怎得吾亲更返魂，报答深恩。

【余音】云横岭岫连丘陇，云锁松楸掩墓门。云来云往何时尽？孝心未伸，孝思怎忍？留取个孝行名儿做标准。

中国古代的传统习俗，不仅讲究生前要对父母尽孝，而且也很重视死后的尽孝。古人有庐墓的习俗，就是父母或老师死后，其子或学生服丧期间在墓旁搭盖小屋居住，守护坟墓。此风俗早在周代就有，北魏郦道元的《水经注·泗水》中记载说：“今泗水南有夫子冢……即子贡庐墓处也。”汉代开始，还出现了“丁忧”制度，父母死后，子女按礼须持丧三年，其间不得行婚嫁之事，不预吉庆之典，任官者并须离职。所以，张思恭的孝行并非个例，元代流传着很多类似的孝子故事，山东有马孝子、山西有赵孝子；江阴有“夫妇死孝”：杜阳父，字友开，江阴人，无意仕进，隐居，以教书为生，妻子纺麻以贴补家用。元文宗天历年间遇到了灾荒，米价暴涨。学生们也都不来读书了，杜阳父失去了生活来源，生活困顿。妻子的哥哥，劝他们砍了父母墓地里的杂木，把墓地给卖了，以解燃眉之急，阳父坚决不肯。哥哥又说让吴氏跟自己回家，不然迟早会饿死，吴氏也坚决不肯。阳父夫妻二人后来便抱在一起饿死了。这些故事中人物的精神虽然可嘉，但是我们更应该学二十四孝中的行为，在父母生前就好好尽孝，免得父母去世了，后悔就已经晚了。

元曲作家的笔下还有一位令人难忘的孝顺媳妇形象。高明的《琵琶记》写蔡伯喈被父母逼迫,离别新婚的妻子进京赶考,又被招赘牛府,做了牛太师家的驸马。而善良的妻子赵五娘在家尽心侍奉公婆,又碰上了灾荒年景,粮食不够吃,她给公婆吃白面,自己只好躲起来偷偷吃糠:

【孝顺歌】呕得我肝肠痛,珠泪垂,喉咙尚兀自牢嘎住。糠那!你遭砻被舂杵,筛你簸飏你,吃尽控持。好似奴家身狼狈,千辛万苦皆经历。苦人吃着苦味,两苦相逢,可知道欲吞不去。

【前腔】糠和米本是相倚依,被簸飏作两处飞。一贱与一贵,好似奴家与夫婿。终无见期。(丈夫,你便是米呵)米在他方没寻处。(奴家恰便似糠呵)怎的把糠来救得人饥馁?好似儿夫出去,怎的教奴供给得公婆甘旨?

【前腔】思量我生无益,死又值甚的!不如忍饥死了为怨鬼。只一件,公婆年纪老,靠奴家相依倚,只得苟活片时。片时苟活虽容易,到底日久也难相聚。漫把糠来相比,这糠呵,尚兀自有人吃,奴家的骨头,知他埋在何处?(南戏《琵琶记》节选)

作者高明并没有拔高赵五娘的形象,自古以来中国传统文化中最讲究的就是孝道,而赵五娘身上所具有的中华民族的隐忍、坚韧的精神也在支撑着她坚守着应尽的孝道。

倩女离魂

郑光祖,字德辉,元曲四大家之一,所作杂剧家在当时"名闻天下,声振闺阁",演员都亲切地称他为郑老先生,死后演员们将他火葬于灵隐寺。郑光祖一生都在尽心尽力进行杂剧创作,写过18种杂剧剧本,全部保留至今的有9种,其中最著名的是杂剧《倩女离魂》,此剧淋漓尽致地展现了倩女追求爱情的艰辛历程。

倩女与秀才王文举本是指腹为婚,王文举不幸父母早亡,倩女之母遂想赖掉这门婚事,借口是只有王文举得了进士之后才能成婚。倩女与王文举却一见钟情,母亲的反悔让她辗转难眠:

【混江龙】可正是暮秋天道,尽收拾心事上眉梢,镜台儿何曾览照,绣针儿不待拈着。常恨夜坐窗前烛影昏,一任晚妆楼上月儿高。俺本是乘鸾艳质,他须有中雀丰标。苦被煞尊堂间阻,争把俺情义轻抛。空误了幽期密约，虚过了月夕花朝。无缘配合，有分煎熬。情默默难解自无聊，病恹恹则怕娘知道。窥之远天宽地窄，染之重梦断魂劳。（杂剧《倩女离魂》第一折节选）

婚姻的不自由让她无可奈何，心里还惦记着王文举：

【油葫芦】他不病倒，我猜着敢消瘦了。被拘箝的不忿心，教他怎动脚？虽不是路迢迢，早情随着云渺渺、泪洒做雨潇潇。不能勾傍阑干数曲湖山靠，恰便似望天涯一点青山小。（杂剧《倩女离魂》第一折节选）

倩女送文举进京赶考，文举发誓一定得中功名，回来娶她。可是眼下谁也舍不得分开，倩女送了文举一程又一程，最后文举还是越走越远了：

【后庭花】我这里翠帘车先控着，他那里黄金镫懒去挑。我泪湿香罗袖，他鞭垂碧玉梢。望迢迢恨堆满西风古道，想急煎煎人多情人去了，和青湛湛天有情天亦老。俺气氲氲喟然声不定交，助疏剌剌动羁怀风乱扫，滴扑簌簌界残妆粉泪抛，洒细蒙蒙邑香尘暮雨飘。

【柳叶儿】见淅零零满江干楼阁，我各剌剌坐车儿懒过溪桥，他矻蹬蹬马蹄儿倦上皇州道。我一望望伤怀抱，他一步步待回镳，早一程程水远山遥。（杂剧《倩女离魂》第一折节选）

柳亭相别之后，倩女惦记着王文举，魂魄便离了原身，追随王文举去了。这魂魄走得飞快，就要见到心上人了，有几分忐忑，也有几分喜悦：

【圣药王】近蓼洼，缆钓槎，有折蒲衰柳老蒹葭。傍水凹，折藕芽，见烟笼寒水月笼沙，茅舍两三家。（杂剧《倩女离魂》第二折节选）

王文举不知是倩女的魂魄追赶而来，喜出望外，二人相伴进京，王文举得偿所愿，高中状元，他修书一封给倩女的父母："自到阙下，一举状元及第。待受官之后，文举同小姐一时回家。万望尊慈垂照。"此时在家中的倩女的身体还在苦苦盼望着文举的消息，被思念折磨着她，眼看着性命不保：

【中吕·粉蝶儿】自执手临岐，空留下这场憔悴，想人生最苦别离。说话处少精神，睡卧处无颠倒，茶饭上不知滋味。似这般废寝忘食，折挫得一日瘦如一日。（杂剧《倩女离魂》第三折节选）

当倩女看到书信上说“文举同小姐一时回家”，误以为文举已经另娶，撕碎书信，把王文举骂了个狗血喷头：

【中吕·四煞】都做了一春鱼雁无消息，不甫能一纸音书盼得，我则道春心满纸墨淋漓，原来比休书多了个封皮。气的我痛如泪血流难尽，争些魂逐东风吹不回。秀才每心肠黑，一个个贫儿乍富，一个个饱病难医。

【三煞】这秀才则好谒僧堂三顿斋，则好拨寒炉一夜灰，则好教偷灯光凿透邻家壁，则好教一场雨淹了中庭麦，则好教半夜雷轰了荐福碑。不是我闲淘气，便死呵死而无怨，待悔呵悔之何及！（杂剧《倩女离魂》第三折节选）

王文举偕同倩女魂魄回到了家乡，几番折腾魂魄与身体终于合二为一，一对恩爱夫妻才真正得以团圆。

开门七件事

文人们不得意时，往往愿意抒发自己视功名富贵如粪土的情怀，并赞叹陶渊明“不为五斗米折腰”的情操，也羡慕李白“五花马，千金裘，呼儿将出换美酒”的洒脱。这些诗人们的情怀都是被理想化了的，当元代文人为五斗米奔波在市井间时，他们在曲里表达了更为真实的思想。民间谚语云：“开门七件事，柴米油盐酱醋茶是也。”不管什么人生活在世上，每天早晨睁开眼，就要吃饭，就离不开这七件事。有诗人说：“柴米油盐酱醋茶，七般都在别人家。我也一些忧不得，且锄明月种梅花。”这是吃饱穿暖后想要脱俗的闲情逸致，而元代文人确实有衣食无着的状况。元末明初隐士吕徽之，以耕地打渔为生，有诗名。某个雪后初晴的天气，有人慕名去拜访他。来人看到一间破败的茅草屋，将信将疑的推开门，只看见家徒四壁，屋里没有见到人。忽然发现米桶盖子一动，里面钻出一个人来。原来是吕先生的妻子，因为天气寒冷、屋里四处透风，所以坐在米桶里面御寒。

来人试探着问吕徽之先生在什么地方，他的妻子回答说："在溪上捕鱼呢。"来人才知道这真的就是吕先生的家。

著名的曲家周德清家境窘迫，时时都会碰到吃了上顿没下顿的愁苦。饮酒作歌本是风雅之事，连饭也吃不上的周德清，我们无法想象他是如何创作的。

【双调·折桂令】

倚蓬窗无语嗟呀，七件儿全无，做甚么人家？柴似灵芝，油如甘露，米若丹砂。酱瓮儿恰才梦撒，盐瓶儿又告消乏。茶也无多，醋也无多。七件事尚且艰难，怎生教我折柳攀花！

冬天里飘下的第一片雪花，让我们又惊又喜。风雅的文人也最爱这洁白的雪花，古代有一位名人，叫陶谷，他是拥立赵匡胤黄袍加身的功臣，也很精于茶道。他曾经买了一个侍妾，这个侍妾原来也曾在目不识丁的太尉党进家伺候。在一个飘雪的冬日，一向喜欢品茶的陶谷让这位侍妾扫雪烹茶。陶谷一边喝着茶，一边问侍妾，党太尉家应该没有这样的茶吧。侍妾回答说，党太尉是个粗人，哪里有翰林老爷这样的风雅，他只知道在销金暖帐下浅斟低唱，饮羊羔美酒。不过，当我们连御寒的问题都解决不了的时候，"扫雪烹茶"该是多么奢侈呀！元曲作家苏彦文所描绘的冬景，应该也是元代下层文人生活的真实写照，与陶谷"扫雪烹茶"形成了鲜明的对比：

【越调·斗鹌鹑】

冬　景

地冷天寒，阴风乱刮；岁久冬深，严霜遍撒；夜永更长，寒浸卧榻。梦不成，愁转加。杳杳冥冥，潇潇洒洒。

【紫花儿序】早是我衣服破碎，铺盖单薄，冻的我手脚酸麻。冷弯做一块，听鼓打三挝。天那，几时捱的鸡儿叫更儿尽点儿煞！晓钟打罢，巴到天明，划地波查。

【秃厮儿】这天晴不得一时半霎，寒凛冽走石飞沙。阴云黯淡闭日华，布四野，满长空，天涯。

【圣药王】脚又滑，手又麻，乱纷纷瑞雪舞梨花。情绪杂，囊箧乏。若老天全不可怜咱，冻钦钦怎行踏？

【紫花儿序】这雪袁安难卧，蒙正回窑，买臣还家，退之不爱，浩然休夸。真佳，江上渔翁罢了钓槎。便休题晚来堪画，休强呵映雪读书，且免了这扫雪烹茶。

【尾声】最怕的是檐前头倒把冰锥挂，喜端午愁逢腊八。巧手匠雪狮儿一千般成，我盼的是泥牛儿四九里打。

元代文人的这些感叹也是时势所迫，他们虽然放浪形骸，但是有所为也有所不为。胡汲仲，名长孺，得朱子之传，为一时名望之所归。赵孟頫曾拿着宦官罗司徒五千两银子给胡汲仲作润笔费，请他为其父撰写一篇墓志铭，胡怒斥："我怎能为宦官作墓铭？"其实这时胡汲仲家已经好几天揭不开锅了，但是他一向志趣超俗，性格刚介，不趋附权势，曾经对他的友人说："薄糜不继袄不暖，讴吟犹是钟球鸣，此余秘密藏中休粮方也。"由此可见，读圣贤书就是胡汲仲不怕饿的秘方，就如元曲是元代文人度过身心煎熬的秘方。明代也有位生活窘迫的文人，叫吴敬梓，创作了著名的讽刺小说《儒林外史》。吴敬梓放弃了科举、仕途，生活也因此变得非常困顿，灶常无烟，时或典衣。冬夜里无以御寒就绕城而行，谓之"暖足"。自古文人多气节，我们在羡慕他们的诗酒风流时，更应该为他们的气节而心生敬慕。

满江长叹声

张可久，字小山，元代后期散曲创作的代表性作家，作品典雅清丽，很受文人赞赏，明代朱权把他列在元代散曲家第一位，贾仲明评价他："荆山玉，合浦珠，压倒群儒。"然而张可久一生却坎坷失意。20岁左右，他外出游历，也幻想过能有出仕的机会，曾到过江、浙、皖、闽、湘、赣的很多地方，但一生的漂泊，也只是作幕僚、绍兴路吏、衢州路吏、桐庐典史、徽州松源监税等小吏。张可久不知道自己多少次这样茫然地飘荡在江水中，凄凉的江水、清冷的月光，不知从哪里传来了古筝幽幽的弹拨声，每一声都撩拨着他心里最不愿意被翻动的失意和无奈，直听到他泪流满面。于是张可久写下了他一生中最直白也最深沉的曲词：

【越调·凭阑人】

江　夜

江水澄澄江月明，江上何人搊玉筝？隔江和泪听，满江长叹声。

这首曲子也是后来知音最多的一首。某夜在鄱阳湖上，“江风吞波，山月衔岫，四无人语，水声淙淙”，明初有名的歌者蒋康之，叩舷而歌，唱的正是张可久的“江水澄澄江月明”。湖上的渔民都起来坐在船舷边拥被而听，湖边老百姓或站在窗边或站在岸边，也都在静静地倾听。一曲唱罢，真的听到满江长叹之声。

“满江长叹声”是作曲之人与唱曲之人的完美配合，可遇不可求。也有一种可以通过努力来达成的完美配合，也让人看到了元曲中亮丽而温馨的一面。宋六嫂，小字同寿，很擅长歌唱。元遗山有《赠觱栗工张觜儿词》，张觜儿即是宋六嫂的父亲，宋六嫂的丈夫继承了岳父吹觱栗的技艺。得益于他们的刻苦练习以及夫妻间的心心相印，夫妻二人一个吹、一个唱，合作得天衣无缝，“妙入神品”。这样的琴瑟和谐让文人们都很羡慕，元曲家滕玉霄特别写了一首【念奴娇】（又名【百字令】）送给他们：

【大石调·念奴娇】

柳颦花困，把人间恩爱，樽前倾尽。何处飞来双比翼，直是同声相应。寒玉嘶风，香云卷雪，一串骊珠引。元郎去后，有谁著意题品。谁料浊羽清商，繁弦急管，犹自余风韵。莫是紫鸾天上曲，两两玉童相并。白发梨园，青衫老傅，试与留连听。可人何处，满庭霜月清冷。

痴心女子负心汉

文人与歌伎的交往多的是萍水相逢，逢场作戏，因此薄情的人也比比皆是。《青楼记》中有很多歌伎的伤别之作，并非如文人揣摩拟作，都是发自肺腑，和泪而成。

刘燕歌擅长歌舞，很受齐参议宠爱，齐参议回山东时，刘燕歌唱《太常引》为他送别：

【双调·太常引】

故人别我出阳关，无计锁雕鞍。今古别离难，兀谁画蛾眉远山。一樽别酒，一声杜宇，寂寞又春残。明月小楼间，第一夜相思泪弹。

这首词写得清淡蕴藉，当时就在文人歌伎中间传唱开来。可是谁能安慰刘燕歌的惆怅呢?“第一夜相思”,第二天还要打起精神来迎新人、唱新曲。

张玉莲,人多称呼她为“张四妈”。她通音律,能丝竹,善唱歌,解风情,因此来往其门的都是贵胄公子。她也喜欢款待公卿士夫,挥金如土,毫不吝啬。张玉莲先是嫁给了林经历作妾,后不知为何被休,无奈又作了乐人。后来与班彦功关系密切,本想再嫁,可惜落花有意,流水无情,班彦功任满后就回京了。临别之际张玉莲作小词《折桂令》送别,中间有一联:

侧耳听门前过马,和泪看帘外飞花。

末句云:

朝夕思君,泪点成斑。

虽然看不到全篇,但是看到了歌伎满脸无奈的泪痕。不过后来年逾六十的张玉莲仍然活得很坚强,容貌虽有改变,两鬓头发还很黑,风流谈谑,不减少年时。

白朴的朋友贾子正与歌伎赵氏来往密切,一筵一游都要赵氏作陪,不过,几个月后贾子正就离开了,以后再无音信。白朴后来再见到赵氏时,看她虽强颜欢笑,但是却掩不住眉宇间的忧伤、憔悴。歌伎的生活就是这样无奈,白朴也暗自替她们感慨:

【越调·小桃红】

云鬟凤鬓浅梳妆,取次樽前唱。比著当时江上,减容光,故人别后应无恙。伤心留得,软金罗袖,犹带贾充香。

李奴婢,是一位才貌双全的旦角演员,平时喜欢仗义助人,名公士大夫也曾有些人专门给她写词作曲。后来嫁给了杰里哥儿佥事,但佥事的家人从中作梗,软弱的丈夫就把她休了。夏庭芝有一首曲子嘲讽这件事:

【双调·水仙子】

丽春园先使棘针屯,烟月牌荒将烈焰焚。实心儿辞却莺花阵,谁想香车不甚稳。柳花亭进退无门,夫人是夫人分,奴婢是奴婢身,怎做夫人。

虽然夏庭芝说的都是实话，但是当时优伶处境的艰难，生活背后的辛酸只有他们自己才能体会到。

寄征衣

缝衣服、寄衣服，表达了古代妇女对远征丈夫或远游举子的不舍、思念，这种表达方式是最质朴的，也是最贴心的。李白《子夜吴歌·秋歌》曰："长安一片月，万户捣衣声。秋风吹不尽，总是玉关情。何日平胡虏，良人罢远征。"孟郊有"慈母手中线，游子身上衣。临行密密缝，意恐迟迟归。"这些诗句都含蓄地表达着母亲、妻子对游子、征夫的深情。秋天来了急着赶做棉衣，春天刚刚来到，就筹划着做舒适的夏衣，昏黄灯光下，她们默默地一针一线地缝着，泪水也在不知不觉间悄悄滑落。

泪水流了又擦去，她们的内心深处到底都想了些什么呢？或许在元代特殊的环境下，文人更多地听到了她们的心声和倾诉，所以他们告诉我们的也更多：

【越调·凭阑人】

寄征衣　　姚燧

欲寄君衣君不还，不寄君衣君又寒。寄与不寄间，妾身千万难。

古代的女子，丈夫就是她的"天"，她操持着家务，闲暇时只能坐在屋里，望着窗外那小小的一方天，想象着，猜测着，最后只能把这些心思都化作一针一线缝在衣服里。怕戍边的丈夫没有棉衣御寒，更怕丈夫将自己忘却，一去不还。姚燧用白描的手法把思妇小小的矛盾心理写得情态毕现。这不仅是天才作家的巧思，更应该是生活带给他的启示。元代洞庭刘氏，就曾经给滞留京城迟迟未归的丈夫叶正甫寄衣，并寄去诗作一首："情同牛女隔天河，又喜秋来得一过。岁岁寄郎身上服，丝丝是妾手中梭。剪声自觉和肠断，线脚哪能抵泪多。长短只依先去样，不知肥瘦近如何？"

山川风物

卞之琳有首诗《断章》:“你站在桥上看风景,看风景人在楼上看你。明月装饰了你的窗子,你装饰了别人的梦。”美好的景物,让我们常常感叹,人在画中游,而正是人赋予了山川生命和活力。春天刚至,我们会去踏青、赏花;仲秋时节,我们要赏月;冬天来了,我们要踏雪寻梅。山光水色,会在不知不觉间愉悦着我们的心情。

“今人不见古时月,今月曾经照古人。古人今人若流水,共看明月皆如此。”我们常常感叹物是人非,然而,当我们登高远望时,我们也许感受到的正是当年古人的心境;当我们举头赏月时,我们看到的分明也是古人曾经赏过的那一轮明月。美好的山川风物,应该也曾带给了元曲家这样的遐思,所以在他们的作品中也抒发了无尽的感慨。

西湖今昔

五代十国时期吴越国定都杭州,因未受战乱影响,使杭州发展成为东南一

带最繁华的城市。柳永在他的词里也禁不住称赞“东南形胜，三吴都会，钱塘自古繁华”。南宋人很羡慕江浙一带的繁华富庶，于是有了“天上天堂，地下苏杭”的谚语。南宋朝廷也定都杭州，此时的杭州城较吴越国占地面积更广，人口稠密，经济繁荣，当时流行谚语“东门菜，西门水，南门柴、北门米”，不仅看到了杭州人的日常生活，也是各地商贩来往杭州的写照。

【双调·蟾宫曲】

咏西湖　　奥敦周卿

西湖烟水茫茫，百顷风潭，十里荷香。宜雨宜晴，宜西施淡抹浓妆。尾尾相衔画舫，尽欢声无日不笙簧。春暖花香，岁稔时康。真乃上有天堂，下有苏杭。

杭州城的繁华富庶让南宋皇帝忘记了国家的分裂，终于走到了灭亡的一天。元代散曲作家，前期多集中在大都（今北京），随着南宋的灭亡，南北统一，许多作家纷纷南下来到杭州。关汉卿晚年也南下杭州，这里的街道、楼阁、一花一草都让他应接不暇，他由衷地赞赏这锦绣河山：

【南吕·一枝花】

杭州景

普天下锦绣乡，寰海内风流地。大元朝新附国，亡宋家旧华夷。水秀山奇，一到处堪游戏。这答儿忒富贵，满城中绣幕风帘，一哄地人烟辏集。

【梁州】百十里街衢整齐，万余家楼阁参差，并无半答儿闲田地。松轩竹径，药圃花蹊，茶园稻陌，竹坞梅溪。一陀儿一句诗题，行一步扇面屏帏。西盐场便似一带琼瑶，吴山色千叠翡翠。兀良，望钱塘江万顷玻璃。更有清溪绿水，画船儿来往闲游戏。浙江亭紧相对，相对着险岭高峰长怪石，堪羡堪题。

【尾】家家掩映渠流水，楼阁峥嵘出翠微。遥望西湖暮山势，看了这壁，觑了那壁，纵有丹青下不得笔。

西湖是文人们聚会唱和的最佳场所，他们也在此留下了很多美好的篇章。如果有人没有去过西湖，还有元代人很亲切地为你导游：

【南吕·骂玉郎过感皇恩采茶歌】

钱塘自古繁华胜，和靖咏，子瞻评，西湖堪与西施并。浓淡妆，昼夜观，俱相趁。宜雨宜晴，堪赏堪称。曲岸边草茸茸，高峰畔云淡淡，断桥下水泠泠。临荷浦视鱼，傍柳岸闻莺。游竹院，玩葛岭，压兰亭。云出岫罩南屏，日衔山遇西林。现出那雷峰晚照似蓬瀛，九井三潭五云生，六桥烟柳胜丹青。金山寺里诗为证，言心事诉离情，分明唤省临川令。空懊恼，谩哽咽，心无定。

美女西施本与西湖没有太多联系，因为东坡先生醉心于西湖的美景，便想到了浣纱水边的西施，美景堪比美色，于是写下了“水光潋滟晴放好，山色空蒙雨亦奇。欲把西湖比西子，淡妆浓抹总相宜”的诗句。苏轼当年两次被贬到杭州，当时他看到的西湖并非全是美景，西湖水被杂草淤泥占据，几近荒芜。于是北宋元祐五年，即1090年，苏轼上《乞开杭州西湖状》给宋哲宗，并且直言：“杭州之有西湖，如人之有眉目，盖不可废也。”哲宗甚为赞同。同年四月，苏轼召集了约20万民工疏浚西湖，并用挖出来的葑草和淤泥，堆筑起自南至北横贯湖面的2.8公里长堤，还在堤上修建了六座石拱桥，西湖水面也因此分成了东西两部分。后人为纪念他，将这条长堤命名为“苏堤”。同样的地方，不同的人带着不同的心境在游览，西湖的历史与景致在他们的眼里也就有了别样的意蕴。苏东坡当年不辞辛苦的治理，才有了元人眼里的西湖美景，所以来西湖的人都没忘记吟诗赋歌，与苏东坡一较风雅：

【双调·殿前欢】

秋　　　　薛昂夫

洞箫歌，问当年赤壁乐如何，比西湖画舫争些个。一样烟波，有吟人景便多。四海诗名播，千载谁酬和。知他是东坡让我，我让东坡。

西湖美景四时不同，早晨与黄昏不同，晴天与雨天也不同，绝不是两句诗就能描绘尽的。乔吉曾作《题西湖梧叶儿百篇》咏西湖美景，可惜稿已散佚。张可久散曲作品八百首，因咏西湖的作品占了很大比重，所以他把自己的散曲集命名为《西湖渔唱》，其中《湖上晚归》一首最有名：

【南吕·一枝花】

湖上晚归

长天落彩霞，远水涵秋镜。花如人面红，山似佛头青。生色围屏，翠冷松云径，嫣然眉黛横。但携将旖旎浓香，何必赋横斜瘦影。

【梁州】挽玉手留连锦英，据胡床指点银瓶。素娥不嫁伤孤另。想当年小小，问何处卿卿？东坡才调，西子娉婷。总相宜千古留名，吾二人此地私行。六一泉亭上诗成，三五夜花前月明，十四弦指下风生。可憎，有情。捧红牙合和伊州令。万籁寂，四山静。幽咽泉流水下声，鹤怨猿惊。

【尾】岩阿禅窟鸣金磬，波底龙宫漾水晶。夜气清，酒力醒，宝篆销，玉漏鸣。笑归来仿佛二更，煞强似踏雪寻梅灞桥冷。

作者与女伴携手游西湖，从黄昏直到深夜，西湖的恬静旖旎、美人的温柔可爱都让人陶醉，此曲被明代李开先誉为“古今绝唱”。

想想历史，西湖美景并不只让人陶醉。当年，杭州的人们日日游西湖，过着奢靡的生活。《武林旧事》载：“西湖天下景，朝昏晴雨，四序总宜。杭人亦无时而不游，而春游特盛焉。承平时，头船如大绿、间绿、十样锦、百花、宝胜、明玉之类，何翅百余。其次则不计其数，皆华丽雅靓，夸奇竞好。而都人凡缔姻、赛社、会亲、送葬、经会、献神、仕宦、恩赏之经营、禁省台府之嘱托，贵珰要地，大贾豪民，买笑千金，呼卢百万，以至痴儿騃子，密约幽期，无不在焉。日糜金钱，靡有纪极。故杭谚有‘销金锅儿’之号，此语不为过也。”南宋统治者在日日繁华与享乐中生活，可曾想到有被铁蹄踏破的那一天？

【中吕·山坡羊】

薛昂夫

销金锅在，涌金门外，戗金船少欠西湖债。列金钗，捧金台。黄金难买青春再，范蠡也曾金铸来。金，安在哉？人，安在哉？

岳飞曾是杭州城中最积极抗金的将领，宋高宗绍兴十年，即1140年，岳飞大败金兵于朱仙镇，抗金节节胜利之时，奸相秦桧却进谗言于高宗，一日之内发出十二道金牌命令把岳飞召回了杭州。随后以“莫须有”的罪名害死了岳飞。岳飞遇害后，狱卒隗顺悄悄把岳飞的尸体背出城，埋在了九曲丛祠旁。后来宋孝宗给岳飞平反昭雪，才把岳飞迁葬于杭州栖霞岭。元曲家来到杭州凭吊岳飞之墓，内心无限感慨：

【中吕·满庭芳】

看岳王传　　周德清

披文握武，建中兴庙宇，载青史图书。功成却被权臣妒，正落奸谋。闪杀人望旌节中原士夫，误杀人弃丘陵南渡銮舆。钱塘路，愁风怨雨，长是洒西湖。

栖霞岭的岳飞墓在明景泰年间改称“忠烈庙”，经历了宋、元、明、清几个朝代，时兴时废，代代相传，一直保存到现在。该墓坐西朝东，墓的前面建有墓门，对面还有照壁，照壁上面有明人洪珠书写的“尽忠报国”四个大字。墓门的下边有四个铁铸的人像，均是双手反剪，面对坟墓而跪，他们就是陷害岳飞的秦桧、王氏、张俊、万俟卨四人。跪像的背后墓门上有一副对联曰：“青山有幸埋忠骨，白铁无辜铸佞臣”。

西湖也有幽静的去处，自有有心人能独辟蹊径，躲开那些繁华与喧嚣：

【南吕·金字经】

湖上僧寺　　任昱

竹雨侵窗润，松风吹面寒，云母屏开非世间。闲，不知名利难。凭阑看，夕阳山外山。

据说杭州曾有三百六十寺，而最著名的当然要数灵隐寺。灵隐寺前有一座著名的飞来峰，相传印度僧人慧理来到灵隐寺，看到灵隐一带的山峰怪石嵯峨，风景绝异，惊呼：“此乃天竺国灵鹫山之小岭，不知何以飞来？”灵鹫山是印度的一座佛教圣山，相传释迦佛曾在此说法，所以也有人称飞来峰为灵鹫山。当年元曲家曹德看到这座山峰，也曾惊讶于它的怪石突兀，正像是自己内心曾经难以抚平的块垒：

【双调·折桂令】

登灵鹫山

便休提钟鼎山林，遮莫荣枯，总是消沉。落落魄魄，酒逢知己，琴遇知音。时俯仰人间古今，且消磨闲处光阴。无事当心，今日从容，此地登临。

来到杭州，很多人也会想到北宋著名的诗人林逋，林逋字和靖，孤山北麓有放鹤亭，是赏梅胜地，林和靖曾在附近结庐隐居，种梅养鹤，以“梅妻鹤子”著名，过着逍遥自在的生活。元代文人来到杭州自然也要赏梅，而踏雪寻梅，在清静洁白的世界里，我们似乎离林逋很近：

【越调·天净沙】

探　梅　　　徐再思

昨朝深雪前村，今宵淡月黄昏，春到南枝几分？水香冰晕，唤回逋老诗魂。

潇湘八景

据北宋沈括的《梦溪笔谈》中记载，度支员外郎宋迪，很擅长画写意山水，他非常得意的作品有“平沙雁落”、“远浦归帆”、“山市晴岚”、“江天暮雪”、“洞庭秋月”、“潇湘夜雨”、“烟寺晚钟”、“渔村落照”，谓之八景，好事者广为传播。宋迪（约 1015-1080），洛阳人，其先辈在唐朝任官，宋迪本人在北宋朝廷任职，并与司马光为友，后卷入新旧党争，因反对王安石变法，被栽赃暗算，遭朝廷罢黜。《潇湘八景》是宋迪被贬后所作，是他忧愤、出世心境的写照。

“潇湘”从地理位置上说，应该指我国湖南一带。从文化上来说，潇湘自古又与文人的贬谪、失意紧密相连。传说尧的两个女儿娥皇、女英，同嫁帝舜为妻。舜帝到长江一带巡视，不幸死在苍梧之野，葬在九嶷山上。两位夫人闻此噩耗，便一起去南方寻找舜帝。二女在湘江边上，望着九嶷山痛苦流涕，她们的眼泪，挥洒在竹子上，竹子便挂上斑斑泪痕，变成了现在南方特有的“斑竹”，也称“湘妃竹”。娥皇、女英痛不欲生，后来便跳入波涛滚滚的湘江。传说中潇湘也因此一直蒙着一层神秘、无奈的色彩。后来屈原被流放，投汨罗江而死。贾谊被贬长沙，经过屈原被流放之地，曾写过《吊屈原赋》，虽吊屈原，实际是对自己的无辜遭贬忧心忡忡。从八景图命名上看，多是暮雪、秋月、晚钟、夜雨等阴郁、萧瑟的主题，宋迪之所以选择“潇湘”应该也与自己无辜遭贬有关，这让他对屈原、贾谊等人的遭遇心有戚戚焉。

后来历代都有画家画潇湘八景图，文人也都很热衷就图画的命意题诗赋歌。元代也流传下来很多就潇湘八景所作的散曲。作家们不一定有机会游山玩水，却可以在山水画的意境里自由驰骋想象，古人称之为“卧游”。“卧游”，最早出现在魏晋时期。据《名画录》记载，南北朝时宋朝宗炳擅长山水画，也喜好游历山水。曾经西涉荆巫，南登衡岳，北上恒山，后来返回江陵，感叹曰：“老疾俱至，名山恐难遍游，当澄怀观道，卧以游之。”于是把曾游历过的地方都画在墙上，无论坐着还是躺着都能看到。据说古人发明的卧游还能治病。北宋元祐二年，即1087年，秦观因为拉肚子，卧床不起，朋友就送来王维的画作《辋川图》，画中画的是王维的别墅，山林、亭台栩栩如生，秦观陶醉于画景之中，数日后病竟然痊愈了。元代文人钟情于《潇湘八景图》，也是因为它能抚慰他们心灵的创伤。虽然没有遭到贬谪，但是平沙落雁、潇湘夜雨的无奈深深地契合了他们的心境，远浦帆归、渔村落照也是他们所向往的归宿。马致远、鲜于必仁、沈和甫等都有咏唱：

【双调·寿阳曲】

潇湘夜雨　　　　马致远

渔灯暗，客梦回，一声声滴人心碎。孤舟五更家万里，是离人几行情泪。

【双调·寿阳曲】

远浦帆归　　　　　　　　马致远

夕阳下,酒旆闲,两三航未曾着岸。落花水香茅舍晚,断桥头卖鱼人散。

【中吕·普天乐】

平沙落雁　　　　　　　　鲜于必仁

稻粱收,菰蒲秀。山光凝暮,江影涵秋。潮平远水宽,天阔孤帆瘦。雁阵惊寒埋云岫,下长空飞满沧洲。西风渡头,斜阳岸口,不尽诗愁。

【中吕·普天乐】

渔村落照　　　　　　　　鲜于必仁

楚云寒,湘天暮。斜阳影里,几个渔夫。柴门红树村,钓艇青山渡。惊起沙鸥飞无数,倒晴光金缕扶疏。鱼穿短蒲,酒盈小壶,饮尽重沽。

【仙吕·北赏花时】

潇湘八景　　　　　　　　沈和甫

休说功名皆是浪语,得失荣枯总是虚,便做道三公位待何如?如今得时务,尽荆棘是迷途。【幺篇】便是握雾拿云志已疏,咏月嘲风心愿足,我则待离尘世访江湖,寻几个知音伴侣,我则待林泉下共樵夫。

………

【北寄生草】春景看山色晴岚翠,夏天听潇湘夜雨疏。九秋玩洞庭明月生南浦,见平沙落雁迷芳渚。三冬赏江天暮雪飘飞絮,一任教乱纷纷柳絮舞空中,争如俺侬家鹦鹉洲边住。

【南乐安神】闲来思虑,自从那日赋归欤,山河日月几盈虚,风光渐觉催寒暑。欲求生富贵,须下死工夫,且常教两眉舒。

【北六幺序】园塘外三丘地,篷窗下几卷书。他每傲人间驷马高车,每日家相伴陶朱,吊问三闾。我将这离骚和这楚辞,来便收续。觉来时满眼青山暮,抖擞着绿蓑归去。看花开花落流年度,一任教春风桃李,更和这暮景桑榆。

【南尾声】悟乾坤清幽趣,但将无事老村夫,写入在潇湘八景图。

八景图的意境是抽象的,而在元曲作家笔下,他们都在借此书写着各自的人生与心境。其中，沈和甫以北曲南曲一一相间所作的套数，是散曲中南北合套的创例。最初一套曲子中只用北曲曲牌或南曲曲牌，并不混用，元代后期才开始出现南北合套的形式。无论是北曲还是南曲，其曲调的主要来源都是民间歌曲，只是北曲主要是以北方民歌为基础发展起来，而南曲曲调的基础主要是流行于东南沿海一带的“里巷歌谣”。

燕京八景

燕京八景最早出现在金代明昌年间，是金章宗钦定的景点和名称。元明时期八景的景名略有变化，到了乾隆十六年，即公元 1751 年，乾隆皇帝亲自主持更订了名目，并在每一处景点所在地，树立御碑，正面写上钦定的八景名称，背面则是乾隆皇帝亲作的七律诗一首。元代曲家鲜于必仁有散曲歌咏燕京八景，作者应该相当熟悉这些景点，因此歌曲中多是据实描摹，能抓住景点的特色。

居庸叠翠是指以居庸关为中心的八达岭风景区。居庸关如何得名，有两种说法。一说，古书记载“山有九塞”，“何谓九塞？大汾、冥阸、荆阮、方城、殽、井陉、令疵、句注、居庸。”（《吕氏春秋》）说明先秦时期就有“居庸塞”了。另一说，居庸关得名，始自秦代，相传秦始皇修筑长城时，将囚犯、士卒和强征来的民夫徙居于此，取“徙居庸徒”之意。居庸关形势险要，是长城距北京最近的一个重要关口，自古为兵家必争之地。当年金灭辽、成吉思汗灭金就是从这个关口进入中原的。明末李自成起义军突破居庸关，几天之后便攻入了北京。

居庸关两旁，山势雄奇，中间有长达 18 公里的溪谷，俗称“关沟”。这里清流萦绕，翠峰重叠，花木茂盛，山鸟争鸣，因此被命名为“居庸叠翠”。正是：

【双调·折桂令】

居庸叠翠

耸颠崖万仞秋容，气共云分，势与天雄。玉润玻璃，翠开松桧，金削芙蓉。破山影低回去鸿，蘸岚光惊起游龙。往灭狐踪，尘冷边烽。海宇鼿生，愿上东封。

林则徐有《说居庸关》一文，曾经感慨：居庸关雄伟险要，“疑若可守”，本是为防御蒙古人而建，然而自己是南方人，若生在南宋，恐怕连燕赵也难看到，更不要提如今与蒙古人嬉戏、同行在这居庸关上。

今天的中海元代称为太液池，太液池是古代皇城内的园林景观。池中有亭叫“水云榭”，碧波千顷，荷花映日，是观景的最佳地点。今天，站在水云榭四面观望，北面是琼岛白塔，在绿树蓝天的衬托下，白塔显得格外醒目；向南越过宽阔的水面可以遥望水中仙岛一般的瀛台；东岸端庄雄伟的万善殿和造型别致的千圣殿；西侧绿荫丛中掩映着典雅肃穆的紫光阁。远处碧波千顷，近处荷花映日，正是：

【双调·折桂令】

太液秋风

护凉云万顷玻璃，寒射鸾元，香润龙藙。风潋金波，天闲银汉，烟远瑶池。泛莲叶仙人未归，赏芙蓉帝子初回。翠绕珠围，凤舞麟翔，鱼跃鸢飞。

元武宗在位时，某个中秋之夜，曾与诸嫔妃泛舟太液池上。当时“月色射波，池光映天，绿荷含香，芳藻吐秀，游鱼浮凫，竞戏群集”。武宗登上画舫，画舫两边有莲舟随侍。莲舟上有女卫队，左边的戴着赤羽冠，穿着斑文甲，身后竖着凤尾旗，手持泥金画戟，称为“凤队”；右边的戴着漆朱帽，穿着雪氅裘，身上竖着鹤翠旗，手执沥粉雕戈，称为“鹤团”。月上中天，彩云四合，武帝命令开宴张乐。宫女上前跳《八展舞》，歌《贺新凉》曲。武宗龙颜大悦，对身边的嫔妃说：“当年西王母于瑶池设宴招待穆天子，人人以为古往今来再也没有这样的盛况了。可是今日朕与卿等在此共渡佳节，液池之乐，不减瑶池也。只可惜我们不能像当年瑶池会那样聆听到上元夫人的步玄之声呀！”这时武宗身旁的骆妃站了出来，她平素以能歌善舞著称，随音乐声响起，为武宗跳起了《月照临》，舞姿曼妙，边跳边唱：

五华分如织，照临专一色。丽正合中域，同乐兮万国。

武宗听得高兴，即刻赏赐给她八宝盘玳瑁盏。之后又有菱舟送来新鲜菱角，莲艇俸上饱满的莲子，武宗又欣赏了一番水军的表演，最后在《龙归洞》的歌声中，尽兴而返。

太液池的潋滟波光不知见证了多少皇家豪华宴会，也不知见证了多少个朝代的更迭、世事的变迁。传说，金章宗曾在太液池上给他最宠爱的李妃修建了梳妆台。李妃原是宫籍监户好李师儿，金章宗好诗文，李师儿生性慧黠，不仅能识字作文，而且善于察言观色，非常得章宗欢心。她先是被封为昭容，次年即进为淑妃。后来章宗又准备立她为后，却遭到大臣、台谏的极力反对，认为李氏出身奴婢之家，没有资格母仪天下。章宗无奈，便立其为元妃，尊崇堪比皇后。李妃侍宠而骄，与由经童入仕的胥持国勾结，专擅朝政，民间流传着“经童作相，监婢为妃”的谣谚。李妃之兄喜儿原先只是个小偷小摸的无赖，因为李妃的关系，累官至宣徽使、安国军节度使，章宗赐名仁惠，李妃之弟铁哥也做到少府监，兄弟二人倚恃李妃之势招权纳贿。一次内宴，有伶人借说凤凰四飞各呈祥瑞，向章宗巧妙地讽谏道：“向上飞则风调雨顺，向下飞则五谷丰登，向外飞则四国来朝，向里飞（李妃）则加官进禄。”章宗知伶人所指李妃，一笑了之，却不思改过。监察御史宗端修见李氏兄弟干预朝政，愤然上疏要求章宗“远小人”，且明言：“小人者，李仁惠兄弟”。章宗却无动于衷，依旧倚恃李氏兄弟为左右手。金章宗时期虽然是金朝发展的极盛阶段，同时也是金朝由盛转衰的转折时期。因此张小山着眼于妆台，作曲子讥讽当年金代皇帝的太液池豪华游赏，反衬如今山河易主的悲凉：

【仙吕·一半儿】

秋日宫词

花边娇月静妆楼，叶底沧波冷翠沟，池上好风闲御舟。可怜秋，一半儿芙蓉一半儿柳。

北海公园中有琼华岛，也就是现在北海公园的白塔山。传说，成吉思汗称大汗时，正是金章宗在位之时，成吉思汗在统一漠北的过程中曾借助过金朝的力量，并臣服于金朝。而面对着蒙古的崛起，金朝还是有所警觉的。当时蒙古境内有一座山，风水先生说这座山有王气，金章宗立即就派了许多人去挖山，把挖来的土运到中都城的东北，又堆成了一座山。章宗又命人在山的周围开挖湖泊，山上栽植花木，营造宫殿，建成了皇帝的游幸之所，命名为琼华岛。金章宗的苦心终究还是付诸流水了，忽必烈还是把金朝给灭掉了。元世祖时以琼华岛为中心营造大都城，这里便成了皇城以内的禁苑。在大都城建成之前，元世祖就住在琼华岛上的广寒宫，“乔松古桧，烟云缭绕，隐若仙府”。清初在琼华岛山顶上建造了一座巨大的藏式白塔，因此琼华岛又被称为白塔山。

琼华岛上常有云气浮空，氤氲五彩，郁郁纷纷，变化翕忽，莫测其妙，故曰“琼岛春云”，后来也称“琼岛春阴”。正是：

【双调·折桂令】

琼岛春阴

驾东风龙驭天来，百仞烟霄，十二楼台。琼草云封，琼林露暖，玉树花开。呼万岁尘清九垓，拥千官星列三台。鸾凤音谐，仙仗香中，人在蓬莱。

卢沟即今天的永定河，是自古以来的交通要津。1189年，金世宗下令建桥，1192年桥体落成。金章宗先是把它命名为广利桥，后来因永定河旧称卢沟河而得名卢沟桥。卢沟桥最让人印象深刻的就是桥两旁石栏上雕刻的形象精致的狮子。著名建筑学家罗哲文在《名闻中外的卢沟桥》一文中曾对这些狮子做过生动的描绘：“……有的昂首挺胸，仰望云天；有的双目凝神，注视桥面；有的侧身转首，两两相对，好像在交谈；有的在抚育狮儿，好像在轻轻呼唤；桥南边东部有一只石狮，高竖起一只耳朵，好似在倾听着桥下潺潺的流水和过往行人的说话……真是千姿百态，神情活现。”自从卢沟桥落成之后，民间就流传一句话：“卢沟桥的狮子数不清”，这是因为有很多小狮子雕刻得形状奇巧、神态各异，数着数着眼睛就数花了，也忘记哪个数过哪个没数过了。1961年，北京文物工作队曾对卢沟桥的狮子进行了清点，发现了很多“躲”在大狮子毛发下，甚至掌爪中的袖珍小狮子，所以小狮子的总数就多达210只，加上原来清点正确的288只大狮子，总共是498只。不过，1998年，卢沟桥进行大规模修缮，修复了很多被雷击等损坏的狮子，文物工作者又进行了清点，狮子的数量变成了501只。世界著名旅行家、意大利人马可波罗来到北京时，曾由衷地称赞卢沟桥：“它是世界上最好的、独一无二的桥。”卢沟桥也从此闻名世界。古代的卢沟桥，作为行人来往京城的必经之道，桥两头多有客栈，客商们在此打尖住宿，羁旅行役的文士在这里歇息整装，第二天早起，尚见明月当空，大地似银，桥上的行人已是往来络绎。很少能有行人驻足欣赏月下的卢沟桥，但他们却构成了卢沟桥上别样的风景。正是：

【双调·折桂令】

卢沟晓月

出都门鞭影摇红，山色空濛，林景玲珑。桥俯危波，车通远塞，栏倚长空。起宿霭千寻卧龙，掣流云万丈垂虹。路杳疏钟，似蚁行人，如步蟾宫。

1937年7月7日夜间，日本侵略者在此发动了震惊世界的“卢沟桥事变”，中国守军奋起抵抗，抗日战争爆发。如今的卢沟桥不仅是一处名胜古迹，还是一处革命纪念地。

春秋战国时期，燕国以蓟城为国都，据元代《析津志》记载：“蓟门在古燕都城中，今大悲阁，南行约一里，基枕其街盖古迹尔”。据考证，大悲阁应该在今天的宣武门外大街一带。当然，关于蓟门在哪里的说法还有其他一些，说法不一。而“蓟门飞雨”又是怎样的景观，也只能在曲家的描述中去体会了：

【双调·折桂令】

蓟门飞雨

阿香车推下晴云，早海卷江悬，电掣雷奔。几点翻飘，数声引鼓，一霎倾盆。启蛰户龙飞地间，望蟾宫鱼跃天门。到处通津，头角峥嵘，溥渥殊恩。

西山因在京城的西面而得名，也就是今天北京西郊连绵起伏的山脉，香山是这一带典型的山峰。秋天，这里红叶乱舞，煞是壮观。因为山高，冬天山上容易积雪，雪后初晴，山峦玉列，峰岭琼联，更为赏心悦目。正是：

【双调·折桂令】

西山晴雪

玉嵯峨高耸神京，峭壁排银，叠石飞琼。地展雄藩，天开图画，户判围屏。分曙色流云有影，冻晴光老树无声。醉眼空惊，樵子归来，蓑笠青青。

玉泉山位于北京城的西北，山上流泉密布，“土纹隐起，作苍龙鳞，沙痕石隙，随地皆泉。水清而碧，澄洁似玉”，所以叫作玉泉。相传金章宗曾在这里建有玉泉山行宫、芙蓉殿。元明以来，这里也是皇帝游幸、避暑之地。“其山泉逶迤曲折，蜿蜿然其流若虹”，因此也有“玉泉垂虹”的美誉。正是：

【双调·折桂令】

玉泉垂虹

跨寒流低吸长川，截断生绢，界破苍烟。噗壁琼珠，悬空素练，泻月金笺。惊翠嶂分开玉田，似银河飞下瑶天。振鹭腾猿，来往游人，气宇凌仙。

乾隆皇帝认为，“水之德在养人，其味贵甘，其质贵轻。”他以水质轻者为优，为了评判天下名泉之水，特命内务府定制了银斗来测量。当年“茶圣”陆羽评定江西庐山的谷帘泉为“天下第一泉”，唐代的刘伯刍评定江苏镇江金山的中冷泉为“天下第一泉”。而乾隆皇帝命人称量的结果是：济南珍珠泉一斗重一两二厘，中冷泉水一斗重一两三厘，惠山虎跑泉水一斗重一两四厘，玉泉之水重仅一两，而且水轻质甘味美。于是乾隆亲自为玉泉题写了“天下第一泉”的碑。从此，玉泉水也成为宫廷专门的饮用水，每天清早，司水内监押赴着运水车前往玉泉山，采集的泉水装入专门的储存罐中再运回内廷。宫廷运水车每日必定要经过西直门，因此西直门也有“水门”之称。元代宰相耶律楚特用玉泉水制墨，命名“玉泉新墨”，是上等的墨品。

“金台”的出现源于“黄金台”，“黄金台”亦称招贤台，位于今河北省定兴县高里乡北章村台上。战国时期，燕国国君燕昭王一心想招揽人才，谋士郭隗给他讲了一个故事，说有一位国君想用重金买一匹千里马，可是寻觅了三年也没有买到。有人跑来自告奋勇说，我能买到。三个月以后，这个人用五百金买回一具千里马的骨头。国君看了非常恼怒，买马人却说：“人家看到您对死马都肯出高价买进，更别说是买活马了，只要您真心爱马，千里马很快就会送上门来。”果然，不出一年，这位国君就得到了三匹千里马。郭隗讲完这个故事又说：“你要招揽人才，也是同样道理。首先从我郭隗开始吧！你只要在碣石山前筑台，在台上拜我为师，像我郭隗这种才疏学浅的人都能被国君重视，那些比我本事更强的人，一定会闻风而来的。”燕昭王采纳了郭隗的建议，筑高台以金玉镶嵌，名曰黄金台。高台筑好后没多久，贤士争相聚集到燕国，投奔而来的有魏国的军事家乐毅，齐国的阴阳家邹衍，赵国的游说家剧辛等等，自此落后的燕国一下子变得人才济济。后来金人倾慕黄金台的好贤之名，也在北京城中筑起了高台。今天称为“金台”的地方很多，难以确认当年金人筑台的旧址。不过可以想见当年，游人站在金台之上，极目远望，斜阳古木，引人遐思，故名“金台夕照”。

【双调·折桂令】

金台夕照

渺青霄十二云梯，谁曳长裾，拥拜丹墀。万古罗贤，千年宗社，名与天齐。望老树斜阳影里，慨西风衰草荒基。壮志何奇，倚剑空吟，归去来兮。

吴江垂虹桥

吴江是著名的江南水乡，水多，桥自然也多。垂虹桥始建于北宋庆历八年即公元1048年，当时吴江县城为古松江所分隔，百姓或居其东，或居其西，往返均靠船只摆渡，交通十分不便，而一旦遇到风浪，更是寸步难行，所以，桥建好后最初被命名为利往桥，意思是“便来济往，安若履道”。垂虹桥原为木桥，后来毁于兵乱。泰定二年，即公元1325年，知县张显祖把木桥，改建为联拱石桥，全用白石垒砌，共62孔，后增至72孔，长约千余米，“三起三伏，蜿蜒如龙”，被誉为“江南第一长桥”。垂虹桥桥孔比一般的桥孔高，便于行舟，利于泄洪。为方便路人歇息，桥的两端分别建有凉亭，名为“汇泽”、“底定”，桥中心也建有“垂虹亭”。据史料记载，当时垂虹桥“环如半月，长若垂虹”，故而得名。历代文人歌咏垂虹桥的诗作，可谓浩如烟海。乔吉的散曲别出心裁，比喻生动，展现了垂虹桥的雄奇壮丽：

【双调·水仙子】

吴江垂虹桥

飞来千丈玉蜈蚣，横驾三天白嵽蝀，凿开万窍黄云洞。看星低落镜中，月华明秋影玲珑。赑屃金环重，狻猊石柱雄，铁锁囚龙。

徐再思的小令，则展现了月夜下垂虹桥的清幽浪漫：

【中吕·普天乐】

垂虹夜月

玉华寒，冰壶冻。云间玉兔，水面苍龙。酒一樽，琴三弄。唤起凌波仙人梦，倚阑干满面天风。楼台远近，乾坤表里，江汉西东。

万柳堂与懒云窝

廉希宪，元代政治家，维吾尔族。其祖上均为高昌世臣。成吉思汗兴兵崛起时，其父布鲁海牙投附蒙古。后来布鲁海牙在大都（今北京）、真定（今河北正定）等地任职，子弟们都得以接触到中原文化。廉希宪出生时，正值其父拜燕南诸路廉访使，遂以官为姓，子孙后来都姓廉。廉希宪自幼熟读经书，深通儒家之道，人称“廉孟子”。他19岁时入侍忽必烈王府，因为“笃好经史，手不释卷”，而深得忽必烈赏识。廉希宪在任京兆、四川道宣抚使期间，重用良将，力挫支持忽必烈之弟阿里不哥叛乱的浑都海，平定关陇，遂即升任平章政事。中统三年，即1262年，又进拜中书平章政事。他虽官高位重，但一生清廉，为政刚直不阿，曾因为当面忤逆元世祖而被罢官。廉希宪说：“我既然是宰相，办事不合你的意思，就该罢退。”元世祖听了非常生气，当即就罢免了他。廉希宪罢官在家，只是读书。元世祖希望他继续出来为朝廷效力，可是又没有借口，于是问旁边的人，廉希宪在家做什么，阿合马对元世祖说廉希宪整天在家与人饮酒作乐，元世祖反驳道：“廉希宪清贫一生，哪里会饮酒作乐！”

元世祖知道廉希宪居处很简陋，拜他中书平章政事的时候，就在京城郊外赐给他一所宅子。廉公在园中种了很多柳树，这处宅子因此被称为万柳堂。公务余暇，廉希宪就与三五清雅知己在园中饮酒消闲。一日，廉希宪又在万柳堂设宴，请卢疏斋、赵雪松来饮酒作客。席间，京城有名的歌伎解语花左手持荷花，右手举杯，唱了一曲《骤雨打新荷》：

【双调·骤雨打新荷】

绿叶阴浓，遍池塘水阁，偏趁凉多。海榴初绽，妖艳喷香罗。老燕携雏弄语，有高柳鸣蝉相和。骤雨过，珍珠乱糁，打遍新荷。人生有几，念良辰美景，一梦初过。穷通前定，何用苦张罗？命友邀宾玩赏，对芳樽浅酌低歌。且酩酊，任他两轮日月，来往如梭。

这首【骤雨打新荷】是元好问所作。元好问是金末元初最有成就的作家和历史学家，文坛盟主，又是金元之际在文学上承前启后的桥梁，《金史》称其为"一代之宗"。金灭亡后，元好问同大批官员一起被俘。因其诗文名气颇大，受元世祖忽必烈之命搜访遗贤的耶律楚材，几次对元好问倾心延揽。可是他无意为官，五十岁那年回到老家，过起了隐居生活，潜心编纂著述之外，也时不时到各处交友游历。其散曲虽传世不多，但在当时影响很大，其中【骤雨打新荷】小令为一代名曲，号称"变宋词为元曲"之开山之作。这首曲子显然没有关汉卿、杜仁杰作品的豪辣风格，却多了几分清雅、蕴藉。荷花清雅，歌亦清雅，正适合几个清雅文人的聚会。大家听着都心领神会，赵雪松即席赋诗："万柳堂前数亩池，平铺云锦盖涟漪。主人自有沧州趣，游女仍歌白雪词。手把荷花来劝酒，步随芳草去寻诗。谁知咫尺京城外，便有无穷万里思。"

如果说万柳堂是有一定地位文人的风雅别致的聚会场所，那么懒云窝便是失意的或厌倦世事的文人理想的安乐窝，超脱世外，逍遥自在。

阿里西瑛，元曲家阿里耀卿之子，西域人，身材魁伟，故人都称其长西瑛。久居吴城（今江苏苏州市）并自名其居所曰"懒云窝"。他不务世事，每于超然脱俗中逍遥自乐，又喜欢结交朋友，懒云窝中常常高朋满座。他也通音律，能作曲，曾以【殿前欢】调以述其志：

【双调·殿前欢】 三首

懒云窝

懒云窝，醒时诗酒醉时歌。瑶琴不理抛书卧，无梦南柯。得清闲尽快活，日月似撺梭过，富贵比花开落。青春去也，不乐如何。

懒云窝，醒时诗酒醉时歌。瑶琴不理抛书卧，尽自磨陀。想人生待则么？富贵比花开落，日月似撺梭过。呵呵笑我，我笑呵呵。

懒云窝，客至待如何？懒云窝里和衣卧，尽自婆娑。想人生待则么？贵比我高些个，富比我松些个，呵呵笑我，我笑呵呵。

一时名流如贯云石、乔吉、卫立中、吴西逸等皆有唱和：

【双调·殿前欢】

里西瑛号懒云窝自叙有作奉和　　　乔吉

懒云窝，懒云窝里避风波。无荣无辱无灾祸，尽我婆娑。闲讴乐道歌，打会清闲坐，放浪形骸卧。人多笑我，我笑人多。

懒云窝，云窝客至欲如何？懒云窝里和云卧，打会磨跎。想人生待怎么，贵比我争些大，富比我争些个。呵呵笑我，我笑呵呵。

【双调·殿前欢】

和阿里西瑛懒云窝　　　贯云石

懒云窝，阳台谁与送巫娥？蟾光一任来穿破，遁迹由他。蔽一天星斗多，分半榻蒲团坐，尽万里鹏程挫。向烟霞笑傲，任世事蹉跎。

【双调·殿前欢】

吴西逸

懒云窝，懒云堆里即无何。半间茅屋容高卧，往事南柯。红尘自网罗，白日闲酬和，青眼偏空阔。风波远我，我远风波。

懒云仙，蓬莱深处恣高眠。笔床茶灶添香篆，尽意留连。闲吟白雪篇，静阅丹砂传，不羡青云选。林泉爱我，我爱林泉。

绝妙好辞

中国的方块字,真是奇妙,拆分组合,就会有令人惊喜的效果。杨修跟随着曹操,曾途经曹娥碑下。石碑的背面题写着“黄绢、幼妇、外孙、齑臼”八个字。曹操问杨修说:“你知道这是什么意思吗?”杨修回答说:“知道。”曹操说:“你先别说答案,让我自己想一想。”等他们走出三十里地的时候,曹操恍然大悟:“我知道了。”不过,他还是要求杨修不要说话,而是命人拿来纸笔,他和杨修都把各自的想法写下来。之后,对比两个人的答案,结果一模一样。曹操大为感慨,说:“我的才能比不上你,走了三十里路才想明白碑文的意思。”原来,黄绢,是指有色的丝织品,合成一个字是‘绝’;幼妇,即少女,合成一个字是‘妙’;外孙,是女儿的孩子,合成一个字‘好’;齑臼,是用来研磨那些辛辣调味料的器具,可以合成一个字‘辞’。四个字合起来就是‘绝妙好辞’。

好辞的绝妙还在于它的声调变化,阴阳上去的声调组合在一起,本身就有了让人悦耳的旋律。《南史·沈约传》里面记载梁武帝曾经问周舍:“何谓四声?”周舍答曰,“天子圣哲”。周舍的回答真是巧妙,四个字正好是阴阳上去四个声调相配合,还顺便拍了皇帝的马屁,说出来,听起来,都好。诗经、乐府民歌、唐诗、宋词、元曲、明清传奇,中国文学史也是一路高歌着发展到了今天。虽然今天我们不知道那些曲调如何演唱,但是应该庆幸至今我们还可以读到那些奇巧、绝妙的曲辞。

出口成章

贯云石的母亲廉氏,是万柳堂主人廉希宪的女儿。贯酸斋从小跟着母亲出入于外祖父家,也有机会向很多饱学之士请教,年纪轻轻便才华横溢。某日,酸斋又到外祖父家赴宴,那天恰好是立春,座中有一位清雅文士请酸斋以《清江引》作歌,并且限定必须用“金木水火土”五字冠于每句之首,每句里还都得有一个“春”字。这个题出得很刁钻,是有意要试探他的能力。酸斋并不觉得为难,挥笔写道：

【双调·清江引】

金钗影摇春燕斜，木杪生春叶。水塘春始波，火候春初热。土牛儿载将春到也。

大家争相传看，都不由得拍手称绝。贯酸斋后来辞官隐居江南，为了避免惹出麻烦，常常化装成算命先生什么的，游走各处。某日，风和日丽，杭州有几位风雅文人在虎跑泉边饮酒赋诗。限定以“泉”字为韵，其中一位站在那里念了半天“泉、泉、泉”，硬是没能憋出下句来。忽然看见一位拄拐杖的老者走过来，问明缘由后应声赋道：“泉泉泉，乱进珍珠个个圆。玉斧斫开顽石髓，金钩搭出老龙涎。”众人开始还不以为然，但是越往下听越是吃惊，个个张大了嘴巴。突然有人惊呼一声：“公莫非贯酸斋乎？”老者答到：“然、然、然。”众人连忙邀请同饮，直喝得尽兴而归。

元曲历史上留下了很多歌伎的姓名，若论才思敏捷、出口成章，张怡云是其中最突出的一位。张怡云，大都名伎也，与京城中很多达官贵人、清雅文士都有交往，姚牧庵、阎静轩最常到张怡云家中饮酒。史天泽，字润甫，永清(今属河北)人。擅长骑射，勇力过人。1213年随父亲史秉直归降蒙古。在后来的灭金伐宋战争中，他功勋卓著。在北方的战乱中他还保护了大批的名士，比如王若虚、元好问、李敬斋、白华等等。元朝建立后，官拜中书右丞相。据说史天泽也爱好元曲，是位元曲作家，可惜没有作品流传下来。姚牧庵、阎静轩某天过钟楼街遇到了史天泽，史天泽也略略知道二人与张怡云交往密切，笑着问他们：“二先生要去的地方，我可不可以陪同呀？”姚燧忙说：“中丞请上马。”史天泽于是打发走了身边的随从，让他们快快的回去拿一些酒和食物来。一进张怡云的家门，姚牧庵和阎静轩就大呼小叫起来：“怡云，今日有佳客！这位是中丞史公子，我辈当为你做主人。”张怡云赶忙取酒，斟满之后，先敬史天泽，又为他唱了一曲《水调歌头》：“云间贵公子，玉骨秀横秋”。这是金人蔡松年所作的【水调歌头】词，本意是赞颂朋友品格高洁，张怡云用这首词称赞史天泽，果然很讨史天泽的欢心，立刻有赏。酒酣席散，随从正要收拾从家里带来的金银酒器，史天泽挥挥手说：“不要拿回去了，就留着给二位先生来此小酌时受用吧。”宾主皆大欢喜。又某日，张怡云侍奉某位贵人饮酒，姚、阎二位也在座。姚燧望着窗外的落叶随意说了三个字“暮秋时”，阎静轩对张怡云说：“你接着这三个字唱下去！”张怡云应声作《小妇孩儿》，边唱边笑：

暮秋时，菊残犹有傲霜枝，西风了却黄花事。

贵人大约觉得暮秋之景太过萧瑟，不大喜欢，张怡云还没唱完，就被打断了。不过，张怡云的才思敏捷，于此可见一斑。

京师名伎一分儿，姓王氏，歌舞绝伦，聪慧无比。一日，丁指挥邀请才人刘士昌、程继善等在江乡园小饮，招王氏来佐酒。先有小歌伎唱南吕【菊花会】，云：“红叶落，火龙褪甲，青松枯，怪蟒张牙。”丁指挥对王氏说：“这一句可以作为《沉醉东风》调的首句，你可以把它接续完整。”王氏面无难色，款款唱道：

红叶落火龙褪甲，青松枯怪蟒张牙，可咏题，堪描画。喜觥筹席上交杂，答刺苏频斟入礼厮麻，不醉呵休扶上马。

蒙古语中“酒”叫作“答刺苏”，王氏大约经常应酬蒙古贵族，因此对一些筵席上的蒙古语词汇比较熟悉，信手拈来，用的很是贴切。一位弱女子，写出这样豪迈的曲子，实在难得，明代王世贞评价这首曲子曰：“景中壮语也”。难怪酒席上的客人们都拍手叫好，一分儿在京城的身价也因此越来越高。

入派三声

周德清，字日湛，号挺斋，是北宋词人周邦彦的后代。工乐府，善音律，终身不仕。“倡导韵共守自然之音，字能通天下之语”，写成了音韵学名著《中原音韵》，以韵书的形式，把曲词里常用作韵脚的5866个字，按字的读音进行分类，编成一个曲韵韵谱。成书后，作曲、唱曲都有了规范，纠正了作曲家的用韵不一。《中原音韵》还总结了声调的变化：“平分二义”、“入派三声”，也就是说平声分为阴平、阳平两类，在以大都（今北京市）为中心的地区，入声基本消失，分别化入平声、上声、去声，这就是我们今天的四声声调。作曲讲究平仄，分清了声调，才能保证唱词与旋律的和谐。

周德清的《中原音韵》写好后，曾向琐非复初、罗宗信等朋友请教，二人在音韵方面也很精通，堪称知音。一天，罗宗信设宴，还招徕了山东名伎，一时英才云集。琐非复初举杯祝酒，命歌伎唱【四块玉】：

【南吕·四块玉】

海神庙　　马致远

彩扇歌，青楼饮，自是知音惜知音。桂英你怨王魁甚？但见一个傅粉郎，早救了买笑金，知他是谁负心？

唱到“彩扇歌，青楼饮”时，罗宗信站起来挥挥手，打断了歌伎的表演，对周德清说：“‘彩’字与‘青’字相对，而刚才歌伎把‘青’唱作‘晴’，我揣摩这里应该用平声字，而且必须是扬声，而用‘青’字是抑其声，就不对了。你的《中原音韵》要教大家正确的作词之法，说得就是这阴阳、字义的问题吧？我想这不是歌伎唱错了，而是原本作词时没有用对字。”周德清听后大笑，越过酒桌，揪着罗宗信的胡子说：“人家说吉安出人才，我看你更是人才中的俊杰。我游历江湖，见过许多人自称豪杰，但是像你这样真正能知音赏律，知道哪句平仄恰到好处、哪句有差误的，真的少之又少。”琐非复初也站了起来，驱走歌伎，仍用【四块玉】的曲调自己唱了一曲：

【南吕·四块玉】

嘲俗子　　曾瑞

买笑金，缠头锦。得遇知音可人心，倦逢狂客天生沁。扭死鹤，劈碎琴，不害碜。

周德清边听边不断的点头，听完之后更加感慨地说：“我作乐府三十年了，从来没有像今天这样，一下子遇到了两位知音。”他心情激动，抬头环顾四周，觉得周遭的山水都换了新颜，随后捧了一只大酒杯，豪迈地唱了一曲【折桂令】：

【双调·折桂令】

辛金头黑脚天鹅。客有钟期，座有韩娥。吟既能吟，听还能听，歌也能歌。和白雪新来较可，放行云飞去如何。醉睹银河，灿灿蟾孤，点点星多。

心里痛快，三人的酒也喝得痛快，直喝得酩酊大醉。

周德清善于总结作词之法，也能用于实践，其散曲作品广受赞誉："德清之韵，不独中原，乃天下正音也；德清之词，不惟江南，实天下之独步也。"周德清过庐山，赋曰：

【中吕·朝天子】

早霞，晚霞，妆点庐山画。仙翁何处炼丹砂？一缕白云下。客去斋余，人来茶罢。叹浮生，指落花。楚家，汉家，做了渔樵话。

明代王世贞称赞其意境爽直，近代戏曲家吴梅称赞说："此调字字稳洽，移动不得一丝，固是老斫轮手"。

周德清也不甘心于"稳洽"，常常也会作一些奇巧的曲辞展示自己的才华。如回文体：

名有数，家嗔人，门闭却，时来问。

顺着倒着皆可读，都押"人问"韵。又有咏红指甲词，颇有言外之意：

朱颜如退却，白首恐成空。

还有奇巧、工整的对仗句：

残梅千片雪，爆竹一声雷。雪非雪，雷非雷。

还曾写过一首【黄钟】调赠人，其中有一句：

篇篇句句灵芝，字字与人为样子。

人人都说这句话用来形容他自己最合适。

短柱体

虞集，字伯生，号道园，与杨载、范椁、揭傒斯并称元诗四大家，而其中虞集成就最高，其文章创作也与姚燧并称。传说其母梦见神仙骑鹤送来一个小孩，说："这是南岳真官，就寄养在你们家吧！"后来就生下了虞集。虞集幼年过蓟门酒楼，题诗于壁，其诗曰："耳目聪明一丈夫，飞行八极隘寰区。剑吹白雪妖邪灭，袖拂春风槁朽苏。气似酒酣双国士，情如花拥万天姝。如今一去无消息，只有中天月影孤。"当时人皆以为是吕洞宾下凡所作，争相传诵。虞集生来才思敏捷，后来又得到杨载、赵雪松的指点，诗歌创作更加精进。

虞伯生在翰林苑当差的时候，曾到散散学士家赴宴，歌伎郭氏顺时秀唱了一首曲子：

【双调·蟾宫曲】

博山铜细袅香风，两行纱笼，烛影摇红。翠袖殷勤捧金钟，半露春葱。畅好是会受用文章巨公，绮罗丛醉眼朦胧。夜宴将终，十二帘栊，月转梧桐。

"博山铜细袅香风"是当时曲家刘唐卿所作，一句两韵，美其名曰"短柱体"，极不易作。虞伯生听了也觉得十分新奇有趣。席上大家偶然谈及蜀汉之事，他突发灵感，急命人取来纸笔，也赋曲一首曰：

【双调·折桂令】

席上偶谈蜀汉事，因赋短柱体

鸾舆三顾茅庐，汉祚难扶，日暮桑榆。深渡南泸，长驱西蜀，力拒东吴。美乎周瑜妙术，悲夫关羽云殂。天数盈虚，造物乘除。问汝何如，早赋归欤。

这首曲两字一韵，比之一句两韵者尤为难作。虞伯生学问渊博，虽然一时娱戏之作，也精致工巧，超越流辈。乔吉有散曲【天香引】也是二字一韵的"短柱体"：

【双调·折桂令】

拜和靖祠双声叠韵

至当时处士山祠,渐次南枝,春事些儿。枫渍殷脂,蕉撕故纸,柳死荒丝。目寒涩雄雌鹭鸶,翅参差母子鸬鹚。再四嗟咨,捻此吟髭,弹指歌诗。

但这首曲子与虞伯生的相比,境界不高,有些故作奇巧了。

元文宗毒死元明宗,篡位当了皇帝,史称"天历之变"。所以文宗在位时,因为元顺帝是明宗的长子,对他非常忌惮,于是,找借口把他驱逐到了高丽(今天的朝鲜半岛),后来又遣到桂林。诏书上说:"明宗在北之时,自以为非其子。"这是虞伯生帮助元文宗草拟的诏书。文宗驾崩之后,立宁宗,结果宁宗很快又驾崩,国人迎顺帝立之。元顺帝本称元惠宗,因为朱元璋攻打大都时,元惠宗不进行抵抗,仅带部分家眷逃往上都,后又逃至应昌,明朝史官认为他顺应天意,故在明朝史书中都以元顺帝称呼他。元顺帝即位之后,做的第一件事情就是到太庙中,撤掉文宗的神位,又命人把旧诏书通通毁弃。虞伯生此时正在江西,顺帝下令:以皮绳缚腰,马尾缝眼,夹两马间,把虞伯生逮捕至大都。以往有嫉妒虞伯生的人写了一首十七字诗曰:"自谓非其子,如今作天子。传语老蛮子,请死。"虞伯生被逮,也觉得很委屈,见到了顺帝之后,就把文宗曾经亲笔改过的诏书草稿呈了上去,顺帝看过,说:"这是我的家事,岂是你一个书生能做了主的?"于是就把他给放了。虞伯生虽然捡回一条命,但是两只眼睛却从此失明。这真是"祸来也何处躲"。元朝政权内部的争权夺利甚于前朝,对汉人官员的排挤和迫害也时有发生,元曲作家对此也多有感慨:

【双调·庆东原】

张养浩

人羡麒麟画,知他谁是谁?想这虚名声到底原无益。用了无穷的气力,使了无穷的见识,费了无限的心机。几个得全身,都不如醉了重还醉。

王四琵琶

高明，字则诚，生于元末大德年间。高则诚天资聪颖，六七岁时就表现得不同凡响。邻居有某尚书，一日穿着红袍出来送客，则诚刚好从私塾放学回来，身上传着绿衣服。尚书叫住他说："出水蛙儿穿绿袄，美目盼兮，"声调很是得意，则诚应声说道："落汤虾子着红衫，鞠躬如也"。尚书大吃一惊，连连对旁边的人夸奖则诚是神童。

成年后的高明在戏曲创作方面也有不凡的成就，他的《琵琶记》写书生蔡伯喈进京赶考，得中状元后被招赘牛府三年未归。父母死于灾荒，妻子赵五娘卖发葬亲，身背琵琶上京寻夫。后来夫妻团聚，伯喈携赵氏、牛氏同归故里，庐墓守孝。《琵琶记》问世后，广受欢迎，被誉为传奇之祖，是我国古代戏曲中的经典之作。后来很多地方戏中上演的经典剧目《铡美案》就脱胎于《琵琶记》。

传说高明的《琵琶记》是为他的朋友王四而作。王四开始时只埋头读书，并无意于功名，高明与王四关系密切，就劝他去参加科举考试。结果王四一举登第，抛弃原配妻子招赘到不花太师家中做了乘龙快婿。高明再想要劝其回心转意，可惜地位悬殊，条件已不允许，于是写了一部戏来讥刺王四。之所以叫《琵琶记》，琵琶二字上各有二王字，共是四个王，暗喻"王四"之名。剧中之所以叫牛太师者，因为元人把牛叫作"不花"。剧中主人公不能直接叫王四，而托名汉代的蔡伯喈，因为蔡邕也就是蔡伯喈，当年曾被迫依附于董卓，而董卓也称太师。起初，剧中的蔡伯喈是不忠不孝的角色。《琵琶记》写成之后，一天，高明梦中见到蔡邕，要求他改变剧情，说："如果你高明把剧中的蔡伯喈写成一个正面形象，我会报答你的。"高明醒来后左思右想，觉得一定是神明指点，于是把《琵琶记》改成了全忠全孝蔡伯喈的故事。有人曾见演员演蔡伯喈，唱到："浪暖桃香欲化鱼，期逼春闱，诏赴春闱。郡中空有辟贤书，心恋亲闱，难舍亲闱。"觉得"春闱"、"亲闱"几句不仅重复，意思也不好理解，顿时觉得高明只是徒有虚名。后来得到一个善本，立刻找出原文细读，原来是：

> 【一剪梅】浪暖桃香欲化鱼，期逼春闱，难舍亲闱。郡中空有辟贤书，心恋亲闱，难赴春闱。

"期逼"与"欲化鱼"对应，"难赴"与"空有"对应，不仅工整，还写出了蔡伯喈内心的两难处境：去赶考，可以尽忠就不能尽孝；不去赶考，可以尽孝却又不能尽忠。蔡伯喈从一开始就是个希望能尽忠、尽孝的良好形象。果然，蔡伯喈梦里的承诺也应验了，高明不久参加考试果然中举。朱元璋没有做皇帝时就听说了高明的《琵琶记》，认为高明是人才。做了皇帝之后，朱元璋还专门派人征召高明，希望他出来做官，但被高明拒绝了。朱元璋很欣赏全忠全孝蔡伯喈的形象，对臣子们说："四书、五经如五谷，家家都不能缺。《琵琶记》则如山珍海错，贵富家不可无。"

《琵琶记》并非仅仅塑造了一个符合中国人审美需要的全忠全孝形象，它的曲词也非常讲究，且能打动人心：

【山坡羊】乱荒荒不丰稔的年岁，远迢迢不回来的夫婿。急煎煎不耐烦的二亲，软怯怯不济事的孤身己。衣尽典，寸丝不挂体。几番要卖了奴身己，争奈没主公婆教谁看取？思之，虚飘飘命怎期？难捱，实丕丕灾共危。

赵五娘一个弱女子在灾荒年月苦苦支撑家庭，所以她唱的曲词里有很多重叠词，如"乱荒荒"、"急煎煎"、"虚飘飘"等，表现出她内心的惶恐、无奈。而牛小姐招赘了才貌双全的蔡伯喈，相府的生活更加无忧无虑，她的唱词里则满眼都是富丽的景象，"新篁池阁"、"漱玉清泉"、"冰山雪槛"等等，以及无所事事的清闲：

【梁州序】新篁池阁，槐阴庭院，日永红尘隔断。碧阑干外，空飞漱玉清泉。只见香肌无暑，素质生风，小簟琅玕展。昼长人困也，好清闲，忽听得棋声惊昼眠。金缕唱，碧筒劝。向冰山雪槛开华宴，清世界有几人见。

【前腔换头】向晚来雨过南轩，见池面红妆零乱。渐轻雷隐隐，雨收云散。只见荷香十里，新月一钩，此景佳无限。兰汤初浴罢，晚妆残，深院黄昏懒去眠。

十一句《普天乐》

赵岩，字鲁瞻，长沙人，宋代丞相赵葵的后代。早年受到鲁王雕阿不刺赏识，在鲁王宫中做文学侍从。鲁王的妻子鲁国大长公主祥哥刺吉，是元顺宗之女，仁宗的姐姐，自幼聪颖，才气英迈。大长公主喜欢收藏书画，所藏书画名作，都命冯子振、赵岩、张珪等题识。曾为《葵花扇面图卷》题诗："香凝御墨晓凉催，不与凡华一样开，日落中原何处在，倾心谁与酹金杯"。赵岩擅长作诗，曾在大长公主面前立赋八首七律，大受公主赞赏，还得到了丰厚的赏赐。赵岩拿着这些赏赐一出门，立刻就将金银器皿掰碎了，分给官中的侍卫以及那些贫寒的门客们。赵岩后来因为遭人谗言，到江南一带过起了隐居生活。

江南隐居的日子，赵岩每天也只有饮酒赋诗。一日，在一位姓李的朋友家小酌，亭子外春光明媚，百花盛开，大家心情舒畅。这时，恰好来了十二只粉色的蝴蝶，在亭子边嬉戏翻飞，煞是可爱。座中有人提议，请鲁瞻为这些可爱的蝴蝶写一首曲子。赵岩挥笔立就：

【中吕·喜春来过普天乐】

琉璃殿暖香浮细，翡翠帘深卷燕迟，夕阳芳草小亭西。问细履、见十二个粉蝶儿飞。一个恋花心，一个搀春意。一个翩翻粉翅，一个乱点罗衣。一个掠草飞，一个穿帘戏。一个赶过杨花西园里睡，一个与游人步步相随。一个拍散晚烟，一个贪欢嫩蕊，那一个与祝英台梦里为期。

前四句是【喜春来】的曲调，在这里就相当于曲引子。后面几句用的是【普天乐】的曲牌，【普天乐】只有十一句，现在却要描摹十二只蝴蝶，一只一句显然不够，赵岩的聪敏就表现在最后一句，"那一个与祝英台梦里为期"，一句歌摹写了两只相恋的蝴蝶，梁山伯与祝英台情投意合却不能结合，最后双双化蝶，工整而又巧妙，朋友们无不叹服。

可惜在当时赵岩的才华无处施展，只好日日买醉，醉后可顷刻赋诗百篇，仅得来时人的推崇和羡慕。一生潦倒的赵岩，晚年酒精中毒而死。

青梅佳句

元曲作家李寿卿有《落梅花》小令，脍炙人口：

【双调·寿阳曲】

金刀利，锦鲤肥，更那堪玉葱纤细。添得醋来风韵美，试尝着这生滋味！

某日筵席间，有名伎刘婆惜为大家切脍。脍，就是生鱼、生肉。切脍一般是切生鱼片。原来生鱼片并非外来吃法，中国的切脍不知始于何时。北魏贾思勰《齐民要术》提到切脍："切鲙不得洗，洗则鲙湿"。杜甫诗《阌乡姜七少府设鲙戏赠长歌》描写切脍有："无声细下飞碎雪"的句子。宋人的《东京梦华录》也记载说：三月一日，东京汴梁的顺天门外金明池琼林苑对外开放，此时游人如织，只有池的西岸垂杨蘸水、烟草铺堤、游人稀少，有些人便静静的在这里垂钓。就如我们今天在公园里钓鱼，必须到池苑的管理处买牌子，才允许钓鱼。游人钓到鱼后，就地临水切脍，佐以美酒，"乃一时佳味也"。关汉卿也写过一部杂剧《望江亭中秋切脍旦》，写了一位会切脍的谭记儿，智斗杨衙内的故事。兰楚芳看刘婆惜切脍，想起了李寿卿的《落梅花》，随口便唱道："金刀利，锦鲤肥，更那堪玉葱纤细。"刘婆惜手不停刀，接着唱道："得些醋成风味美，诚当俺这家滋味。"兰楚芳借歌赞叹刘婆惜切脍的手艺，刘婆惜把原曲稍加改动来作答，也很贴切。才子佳人，手艺与歌声，珠联璧合，席上诸公感叹不已。

歌伎刘婆惜，也颇通文墨，谈笑、歌舞样样在行。她本与抚州常推官之子三舍相恋，元代法律规定乐人只能嫁乐人，她被迫嫁给乐人李四为妻，但心有不甘，遂与常三舍私奔。事情败露后，常三舍被处死。刘婆惜很是愧疚，决心自己流放自己到广海去。途经赣州，当时全普庵拨里，字子仁，刚由礼部尚书升为赣州监郡。全子仁平时为官清廉，但是未免常常沉溺于酒色，每日公务之暇，都要与朋友饮酒赋诗。他还喜欢在帽子上簪花，没有花就或果子或叶子也要簪一枝。刘婆惜对全子仁早有耳闻，非常倾慕，对看门人说："如果能见尚书一面，死而无憾。"全子仁被她的诚恳感动，允许她进来相见。刘婆惜进门一看，宾朋满座，全子仁正在宴客，帽子上果然簪了一支青梅。全子仁站起来举起酒杯，口占【清江引】曲云："青青子儿枝上结。"让在座的病客们接续下去。客人们你看我，我看你，没有人能对得上。刘婆惜款款起身走上前去，问到："能否容我试试？"全子仁点点说："好。"刘婆惜应声赋曰：

【双调·清江引】

青青子儿枝上结，引惹人攀折。其中全子仁，就里滋味别，只为你酸留意儿难弃舍。

这首曲子竟改变了她一生的命运。全子仁听了曲子大为赞赏，把她留在了身边，后来便纳为妾室。全子仁死后，刘婆惜恪守妇道，最后在全家得以善终。后人有好事者还把这段故事编入戏曲小说广为流传。

鹦鹉曲

冯子振，字海粟，号瀛州客，又号怪怪道人。海粟以文章称雄天下，作文不事雕凿，文思敏捷，下笔万言，倚马可待；又博闻强记，天下之书无所不记。海粟准备作文之时，先饮酒数杯，酒酣耳热，要有两三个人站在旁边负责磨墨、润笔，海粟伏案疾书，无论准备多少纸张，顷刻间就都用尽了。曾作《居庸赋》，“首尾五千言，雄浑正大，闳衍钜丽”。又曾与中峰禅师唱和，留下《梅花百咏》一卷。所作散曲也多是即景生情，劲逸潇爽。

大德六年，即1302年冬天，冯子振在京城中逗留了一段时间，听到歌女们都在唱白贲的【鹦鹉曲】：

【正宫·鹦鹉曲】

依家鹦鹉洲边住，是个不识字渔父。浪花中一叶扁舟，睡煞江南烟雨。【幺】觉来时满眼青山，抖擞绿蓑归去。算从前错怨天公，甚也有安排我处。

歌伎御园秀对他说，这首曲子很多文士也喜欢，想依韵唱和，但是都觉得不好下笔。如第一个“父”字韵太险，除了“渔父”就很难再找到其他的词。还有最后一句“甚也有安排我处”，“甚”字必须去声字，“我”字必须上声字，才能音声和谐，不然不可歌，这个也很难。诸公听罢，都笑着说，“能解决这个难题的人，非海粟莫属”。冯子振一时兴起，按原韵和作四十二首，在京城中顿时声名大噪。

【正宫·鹦鹉曲】

山亭逸兴

嵯峨峰顶移家住，是个不唧嚠樵父。烂柯时树老无花，叶叶枝枝风雨。【幺】故人曾唤我归来，却道不如休去。指门前万叠云山，是不费青蚨买处。

【正宫·鹦鹉曲】

愚翁放浪

东家西舍随缘住，是个忒老实愚父。赏花时暖薄寒轻，彻夜无风无雨。　　【幺】占长红小白园亭，烂醉不教人去。笑长安利锁名韁，定没个身心稳处。

名家也有败笔

曲与词或诗的主要区别之一是可以加衬字，这使曲文在遵守格律的前提下，行文造语有更大的灵活性，补充正字语意的缺漏，使内容更加完整、丰富，也让曲词更加口语化和形象化。一般小令所用的衬字较少，套曲则比较多。衬字一般不占用乐曲的节拍、音调，往往是唱时快速而有节奏地一口带过。衬字有时可多至十几、二十个字。如关汉卿的南吕《黄钟尾》"我正是个蒸不熟煮不烂炒不爆锤不碎打不破响当当一粒铜豌豆"，"响" 字前的部分即衬字。周德清在《中原音韵》中特别指出很多套数中用的衬字太多，有的曲子甚至用了一倍的衬字，非常刺眼。他还专门提到贯云石的【塞鸿秋】：

【正宫·塞鸿秋】

代人作

战西风几点宾鸿至，感起我南朝千古伤心事。展花笺欲写几句知心事，空教我停霜毫半晌无才思。往常得兴时，一扫无瑕疵，今日个病恹恹刚写下两个相思字。

周德清指出，按照【塞鸿秋】的曲牌，末句应该是七个字，但是这首曲子末句却用了十四个字。也就是说，前七个字都是衬字。这是肆意妄为，乱了曲子的节奏和旋律。进而，他也怀疑这并非贯云石所作，"此何等句法，而又托命于时贤"。明代曲家李开先的《词谑》中也提到前人衬字太多的毛病。除了《塞鸿秋》的末句，晚唐名相白敏中得官，歌伎唱《驻马听》讥笑他，起句为"不得志投刺入万丈深渊，苦冷捱时怎地捱"，衬字也太多。李开先形容这样的句子就如吃了蒙汗药的人，头重脚轻，站不稳就会突然向后倒下。

乔吉，字梦符，明代朱权评其曲作曰："如神鳌鼓浪"，有"波涛汹涌、截断众流之势”，他的代表作如《重观瀑布》：

【双调·水仙子】

天机织罢月梭闲，石壁高垂雪练寒，冰丝带雨悬霄汉，几千年晒未乾。露华凉，人怯衣单。似白虹饮涧，玉龙下山，晴雪飞滩。

描写瀑布，想象奇特，词句瑰丽，与朱权的评价名实相符。即使这样的作家也免不了有被人讥诮的作品。

花朝节，汉族传统节日，俗称“花神节”、“百花生日”。节期因地而异，中原和西南地区以农历二月初二为花朝；江南和东北地区以二月十五为花朝，据说这是与八月十五中秋节相应，称“花朝”对“月夕”。南宋吴自牧《梦粱录》记载：“仲春十五日为花朝节，浙间风俗以为春序正中、百花争放之时，最堪游赏。”这一天杭州城里也特别热闹，人们结伴到郊外游览赏花，也有种花、载树、挑野菜、祭神等等活动，城里的园丁这一天也会带着各种名贵的鲜花，沿街叫卖，叫卖声如唱歌一般动听。乔吉有曲歌咏此事：

【越调·天净沙】

莺莺燕燕春春，花花柳柳真真，事事风风韵韵。娇娇嫩嫩，停停当当人人。

宋代著名女词人李易安《声声慢》词曰：“寻寻觅觅，冷冷清清，凄凄惨惨戚戚”，全用叠字。后人评价乔吉此曲作法，认为全是学易安。清代陈廷焯《白雨斋词话》说：“易安隽语也，并非高调。……‘娇娇嫩嫩’四字尤不堪，乔梦符效之，丑态百出矣。”

周德清《中原音韵》中还形象地说到平声、上声用错时的可笑情形。马致远有一首《清江引》被周德清当作这个曲牌的“定格”，供大家学习：

【双调·清江引】

九　日

萧萧五株门外柳。屈指重阳又。霜清紫蟹肥。露冷黄花瘦。白衣不来琴当酒。

周德清认为,'柳'、'酒'二字用上声,非常正确,万万不可用平声。曾经有人也作清江引,第一句是:

拍拍满怀都是春

初读起来,造句是很工巧,但是如果唱出来就变成"都是蠢",特别遭人讥诮。